SALTO QUÂNTICO
NA LIDERANÇA

SALTO
QUÂNTICO
NA LIDERANÇA

SALTO QUÂNTICO NA LIDERANÇA

**Cosmovisão e Sabedoria:
A Revolução da Mente
das Pessoas e Líderes**

Coordenação:
Marcos Wunderlich e Andréia Roma

1ª edição

Editora Leader

São Paulo, 2018

Copyright© 2018 by Editora Leader
Todos os direitos da primeira edição são reservados à **Editora Leader**

Diretora de projetos: Andréia Roma
Diretor executivo: Alessandro Roma
Marketing editorial: Gabriella Pires
Gerente comercial: Liliana Araujo
Atendimento: Rosângela Barbosa

Diagramação: Roberta Regato
Revisão: Miriam Franco Novaes

Dados Internacionais de Catalogação na Publicação (CIP)
Bibliotecária responsável: Aline Graziele Benitez CRB8/9922

S678	Salto quântico na liderança: cosmovisão e sabedoria a revoluçãoda mente das pessoas e lideres / [coord.] Marcos Wunderlich, Andréia Roma. -- 1.ed. -- São Paulo: Leader, 2018.
	ISBN: 978-85-5474-029-0.
	1. Liderança. 2. Comportamento. 3. Gestão de pessoas. I. Wunderlich,Marcos. II. Roma, Andréia. III. Título.
	CDD 658

Índice para catálogo sistemático: 1. Liderança
2. Gestão de pessoas

EDITORA LEADER
Rua Nuto Santana, 65, 2º andar, sala 3
02970-000, Jardim São José, São Paulo - SP
(11) 3991-6136 / contato@editoraleader.com.br

AGRADECIMENTO

A cada livro finalizado, impresso, pronto para chegar às mãos dos escritores, vislumbro os leitores absorvendo em cada página, em cada frase, um mundo de conhecimento que poderá transformar suas vidas. Tanto pessoal quanto profissional.

E, ao ter essa visão, sinto que valeu a pena o esforço de reunir todos esses profissionais em torno de um projeto que fará diferença na trajetória de muitas pessoas, que fará diferença no mercado editorial e, certamente, no desenvolvimento do nosso País.

Esta é a terceira obra da Coletânea Mentoring & Coaching da Editora Leader com a coordenação do meu professor, parceiro e amigo Marcos Wunderlich, na qual a sabedoria descrita aqui é de alunos formados pelo Instituto Holos, uma empresa renomada no Brasil que tem apresentado a cada dia qualidade tanto nos treinamentos que realiza, quanto aos alunos que forma.

Minha gratidão aos profissionais convidados para compor esta obra, enfim, a todos que me apoiam e me motivam a empreender, e especialmente a você, leitor, por confiar no nosso trabalho e buscar em nossos livros o aprendizado essencial ao seu desenvolvimento.

Andréia Roma
Fundadora e diretora de projetos
da Editora Leader

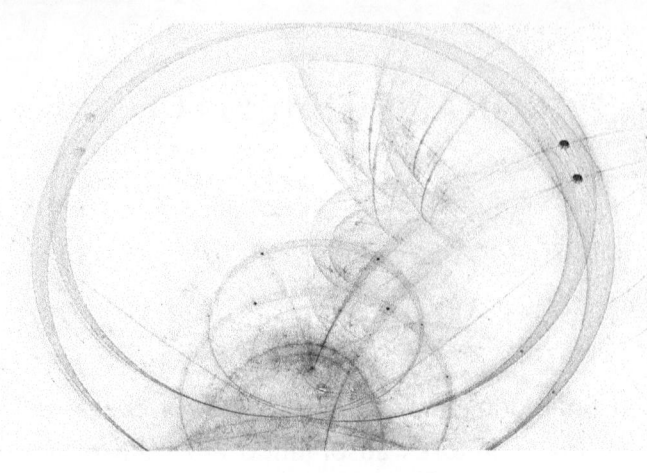

ÍNDICE

PREFÁCIO 9

1. Angela Maria Reginaldo Brun 13
GESTÃO EMOCIONAL QUÂNTICA E ESPIRITUAL DA HUMANIDADE:
Uma Estratégia de Liderança Performada pela PNL e Coaching Integral

2. Bárbara Moreira 23
A METAFÍSICA DO SUCESSO

3. Cátia Duarte Schumacher Knijnik 33
LIDERAMOS DE FORMA CONSCIENTE OU SOMOS LIDERADOS PELO NOSSO INCONSCIENTE?

4. Fabio Siqueira 45
O PAPEL DO LÍDER COMO ATIVISTA DO CONHECIMENTO NAS ORGANIZAÇÕES

5. Flávio Moreno 55
A REVOLUÇÃO DA MENTE PARA EDUCAÇÃO FINANCEIRA

6. Imaculada Bombicino 69
SALTO QUÂNTICO – O DESPERTAR PARA O NOVO

7. Liciane Luza Anjos 79
O QUANTO VOCÊ ACREDITA EM VOCÊ

8. Luana Zamprogna 91
O PODER DA MENTE POSITIVA NA LIDERANÇA

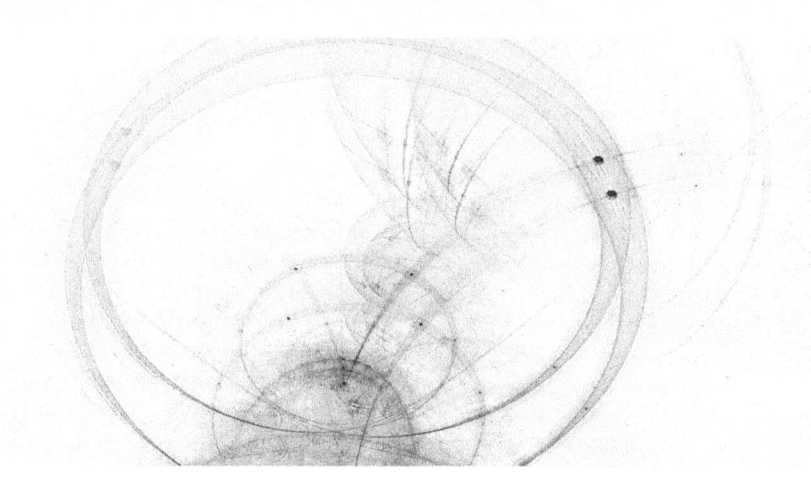

9. Marcos Wunderlich 99
A REVOLUÇÃO MENTAL DOS LÍDERES QUÂNTICOS

10. Marina Laura Dutra 113
**CONCEBENDO A LIDERANÇA EM PATAMAR ELEVADO:
O DESAFIO DA SUSTENTABILIDADE**

11. Olívia Kemper Wunderlich.. 123
LIDERANÇA E SAÚDE – UMA ABORDAGEM QUÂNTICA

12. Renata Cappi Mariani Oliveira... 133
**COACHING & MENTORING: UM SALTO QUÂNTICO
PARA A LIDERANÇA TRANSFORMACIONAL**

13. Renato Klein 143
O SALTO QUÂNTICO DA LIDERANÇA

14. Rogério Bohn... 153
O RECONHECIMENTO DA LIDERANÇA

15. Silmara Regina Carlos 163
REPROGRAMANDO SUA MENTE PARA DAR O SALTO QUÂNTICO

16. Tiago Gomes de Mattos 173
O TRIPÉ DA BOA FORMA INTERIOR – LIDERANDO A SI MESMO

17. Vera Silva 183
LIDERANÇA HOLÍSTICO-SISTÊMICA E SABEDORIA

PREFÁCIO

Marcos Wunderlich   Renato Klein

"Salto Quântico na Liderança" é um livro escrito por um grupo de mentores do Instituto Holos de Qualidade, seus formadores e alguns másters do Sistema ISOR®, que descortinou na visão quântica um suporte muito poderoso proveniente do que de mais avançado existe no mundo científico no que se refere à formação de lideranças que autenticamente respondam às necessidades atuais.

Ao longo da história da emergência do Sistema ISOR®, o conjunto metodológico e ferramental de Desenvolvimento de Pessoas e suas Organizações do Holos, fomos progressivamente incorporando novos instrumentais e, principalmente, ampliando nossa visão de mundo.

Do cientista e antropólogo brasileiro A. Rubbo Müller herdamos seu referencial holográfico da Teoria da Organização Humana, assentado sobre uma clara matriz sistêmica do campo organizacional e relacional humano. Aprendemos a enxergar o líder numa Roda da Vida de 14 subsistemas que expressam o sistema organizacional humano.

Da Cibernética Social de Waldemar de Gregori recebemos principalmente a Cosmovisão Holística e vislumbramos a visão energética processual triádica aplicada a todos os níveis do universo, do micro ao macrocosmo. Aprendemos que um líder precisa expressar com clareza sua visão de mundo e educar seus liderados a ampliarem suas crenças e visões de mundo, através das quais constroem organizações relacionais mais adequadas às reais necessidades do seu campo de abrangência prestadia.

Da Sinopse Holográfica de Renato e Maria Luiza Klein – entre outros – e da Biocinergia do físico brasileiro Odival Serrano herdamos os vigorosos conceitos de tensor ou campo de energia sutil que orienta todos os eventos, que casamos com o conceito da visão processual cíclica (ou epigenética) para gestão de mudanças. Dessa forma, incorporamos uma visão claramente energética do universo, da vida e do campo pessoal e relacional humano, que nos permitiu a aquisição da condução e transformação do clima vivencial e organizacional.

Por essa época também iniciamos nosso mergulho vivencial na Sabedoria Oriental, principalmente no Taoísmo, no Hinduísmo e no Budismo, que nos orientaram à abertura maior ao Campo Intuitivo e ao mergulho na descoberta interior do ser humano. O que já era por nós intuído e aplicado, torna-se agora claro que um líder somente consegue provocar transformações quando centrado em sua força interior em conexão com o campo maior donde tudo emerge.

Com a Sloan School of Management, do MIT (Massachusetts Institute of Technology), inicialmente através de Peter Senge e, depois, dos outros coautores de seu livro "Presença" e também da Teoria U, de Otto Scharmer, aprendemos a enxergar o mundo organizacional humano em profunda conexão com a visão global planetária e universal e a como agir diante da multifacetária expressão das diferentes formas de organização humana, seja empresarial privada, seja no universo público e político.

É nesse contexto que conhecemos a Teoria Quântica, principalmente através de David Bohm, Fritjof Kapra, Amit Goswami, Deepak Chopra e outros.

Diante desse conjunto todo de estudos, experimentações e vivências, decidimos olhar mais a fundo o conceito de liderança, que sempre foi para nós um desafio: formar líderes de quê? Para quê? Transformar o quê? Em função de quê?

Agora, sim, sentíamos que o esforço de busca por dezenas de anos encontrava uma grande síntese entre a visão da unidade da Vida e do Universo que o pensamento oriental nos tinha outorgado, com a percepção de que tudo pulsa no absoluto Aqui e Agora, juntamente com a visão de que tudo é UM, incorporando metodologias de acesso a essa Presença (*Presencing*), donde tudo emerge, todas as formas de expressão e criação.

Os diversos autores deste livro mergulharam no complexo universo da Teoria Quântica buscando torná-la mais clara e consciente e ampliar a visão que temos de nossa ação na qualidade de formadores de líderes e propositores de novas e mais autênticas formas de ação, visão e relacionamentos conosco mesmos e com o campo de convivência humana.

Que este livro nos sirva, a nós que o escrevemos e aos leitores que dele desfrutarem, para ampliarmos nossa visão de mundo, nossa cosmovisão, sentindo e intuindo talvez mais que compreendendo, nossa maior razão de ser como propositores de formas de liderança que promovam uma convivência humana mais harmoniosa e criativa, expressando mais amor, compaixão, equanimidade e mais alegria de viver.

1

GESTÃO EMOCIONAL QUÂNTICA E ESPIRITUAL DA HUMANIDADE:

Uma Estratégia de Liderança Performada pela PNL e Coaching Integral

Angela Maria Reginaldo Brun

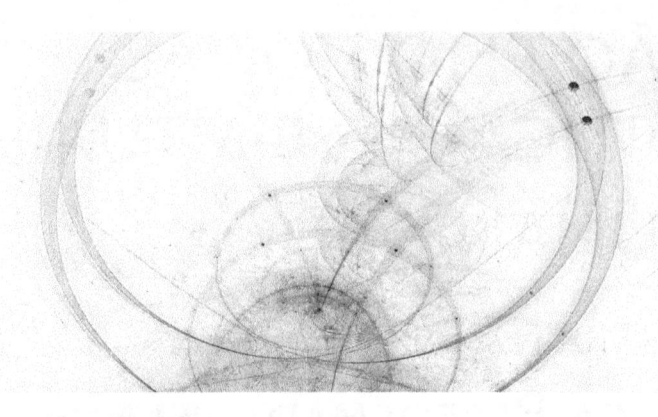

Angela Maria Reginaldo Brun

Trainer em Coaching Integral, formação em Master Internacional em PNL e *Practitioner*; formação internacional em Desenvolvimento Humano; formação internacional em Gestão de Emoção; formação em Master Coaching, Mentoring & Holomentoring; formação em Eneagrama; experiência em implantação de Sistema de Gestão de Qualidade e processos; formação internacional em Black Belt-Six Sigma de Qualidade e Modelagem de Processos; docente universitária e coordenadora de MBA Pós-Graduação em Gerenciamento de Projetos; mestre em Ensino Científico e Tecnológico; especialista em Gestão de Negócios Empresariais; especialista em Gestão de Finanças e Controladoria; especialista em Docência Profissional; consultora Organizacional e multiplicadora do Programa de Qualidade para varejo de média e pequenas empresas pelo Sebrae; Sesi; Senai; membra voluntária do Comitê Regional do PGQP (Programa Gaúcho de Qualidade e Produtividade).

Santa Rosa – RS
(55) 99108-9425
www.aemconsultoria.com
angela@aemconsultoria.com
Facebook empresarial: AEM-Consultoria

EXISTÊNCIA HUMANA E DIVINA

A humanidade está diretamente associada a um processo de descoberta que é capaz de evoluir constantemente com suas crenças e culturas onde existe um ponto superior que remete a um Deus que está acima de todos e, de acordo com Goswami (2015), "o que quase ninguém sabe é que no núcleo esotérico de todas as grandes religiões há muito mais concordância sobre a natureza de Deus. Mesmo no nível mais popular, a maioria das religiões está de acordo sobre três aspectos fundamentais de Deus: primeiro aspecto é que Deus é um agente de causação; segundo, há níveis da realidade mais sutis do que o nível material; terceiro, há qualidades divinas, o amor é uma das mais importantes – às quais todas as pessoas deveriam aspirar e que a religião deseja mostrar e ensinar". O que gera uma nova concepção de Deus na sociedade, onde o amor está acima de todos os valores, gerando uma nova aceitação capaz de gerar uma nova cultura.

A existência humana nesse sentido está ligada diretamente ao amor, o que nos aproxima das evidências científicas quando se fala em existência de Deus. Para Goswami (2015), existem duas evidências científicas que remetem para a existência de Deus, que ele chama de "as assinaturas quânticas do divino", onde a Física Quântica oferece novos aspectos da realidade – as assinaturas quânticas – e, para compreendê-las, explicá-las e apreciá-las, é necessário introduzir a hipótese de Deus, vinculado à não localidade quântica, a comunicação sem sinal.

A comunicação normal é uma comunicação local, realizada por meio de sinais que transportam energia. Goswami (2015) aborda essa existência de Deus em todas as ações humanas, sua forma de pensar, sua forma de agir e como relação direta as suas crenças, não estando fisicamente presente e sim em uma espiritualidade maior capaz de mover todas as suas ações terrenas numa dimensão humana.

Nesse novo e "impossível" contexto, existe uma capacidade criativa para processar um novo significado que oferece muitas evidências científicas tangíveis da existência de Deus, em que todas as definições da existência humana estão associadas ao significado delas para sua vida, gerando um processo de aprendizagem e evolução humana.

ESPIRITUALIDADE QUÂNTICA

A espiritualidade segue caminhos desafiadores, nos quais ciência e espiritualidade juntas era improvável, mas atualmente já existem estudos e evidências de uma explicação científica para a espiritualidade e essa integração é evidenciada, e, para Goswami (2015), eis que têm a oportunidade de compreender a consciência-Deus e de chegarem a uma transformação enquanto fazem ciência, caso a abordem de forma adequada, com um pensamento adequado que seria ter uma visão holística da espiritualidade, elevando o nível de consciência que para os budistas seria a construção do livre-arbítrio como uma aparência.

Nesse sentido, o budismo não fala muito do incondicionado, mas deixa-o implícito, deixa para descobri-lo como uma surpresa ou o incondicionado para Deus e sua causação descendente, o mesmo em todas as tradições espirituais que Goswami (2015) reforça como sendo a reconstrução da espiritualidade ou uma nova visão sobre as teorias e a subjetividade.

A forma de visualizar o mundo e suas relações, conforme o autor direciona para uma forma de pensar criticamente sobre a espiritualidade e o quanto esses conceitos vêm posicionando-se e reformulando-se com o tempo, fazendo com que a humanidade demonstre seus credos de forma mais evidente, formando uma realidade de mundo antagônica da conhecida até o momento, entrando para um processo de evolução humanístico e espiritualizado sucessivamente.

Conforme a visão do autor, os holistas nunca vão demonstrar que os conceitos de sentimento, significado e leis físicas ou éticas devem-se ao surgimento holístico de partículas elementares em interações complexas, passando por muitos níveis, gerando transformação que é importante e é impossível incorporá-la em qualquer teoria materialista, inclusive o holismo, que necessita de um convencimento da humanidade para sua aceitação.

A CONSCIÊNCIA E SUAS EVIDÊNCIAS

Muitos aprofundamentos do consciente e do inconsciente estão em estudos e comprovações científicas, o que leva a questionar sobre a hipótese de que Deus e a causação descendente podem ajudar a diferenciar inconsciente e consciente. Goswami (2015) defende a afirmação dessa diferenciação com a mensuração quântica envolvendo o cérebro como uma hierarquia entrelaçada.

> A recompensa é que ganhamos a capacidade de autorreferência, a capacidade de nos vermos como um "*self*", que experimenta o mundo como algo isolado de nós. O problema é que não percebemos que nossa separação é ilusória, proveniente de uma hierarquia entrelaçada na mensuração quântica, no colapso quântico.

Consciência pode relacionar-se com sentimento que permite a humanidade vivenciar, experimentar e compreender aspectos da totalidade de seu mundo interior, com despertar do sentido do que é moralmente certo ou errado em atos e motivos individuais. Por outro lado tem-se a inconsciência, classificada como a ausência de consciência, um estado de quem perdeu a consciência, de quem não mais tem consciência de si mesmo ou do mundo.

Essas percepções de consciência e inconsciência sugerem as possibilidades de evidências, em que é possível identificá-las conforme sua causação, a partir dos registros inconscientes, que conforme as vivências são levados para o consciente. Ações conscientes são registradas por evidências, sejam elas da alma, do sono, físicas, emocionais e quânticas tanto em nível de consciência como registros no inconsciente, conforme exposto:

1) Evidências da Alma: registros na alma ocorrem a partir da geração de significado, todos os acontecimentos são evidenciados durante a vida em várias fases, mas de acordo com Goswami (2015) é possível corrigir significados falhos na vida encontrando um novo contexto de pensamento, partindo da criatividade de cada um com um processo de mudança de crença interior ou de contextos de pensamento.

2) Evidências do Sono: durante o sono também se registram evidências de todos os acontecimentos da vida, repletas de significado a partir de situações e realidades que as pessoas criam acerca da sua vida. Os psicólogos e psicanalistas, começando com Freud e Jung, descobriram que havia muito valor terapêutico na análise dos sonhos de seus pacientes, devido ao rico significado embutido neles.

3) Evidências Físicas: a consciência registra evidências alicerçadas na Psicologia do Oriente, os sentimentos estão associados com os órgãos fisiológicos e as emoções são claramente entendidas como efeitos de sentimentos sobre a mente e a fisiologia do corpo a partir da metafísica oriental mediante os *chakras*.

4) Evidências Emocionais: as evidências emocionais são resultados das energias vivenciadas que se refletem no organismo das pessoas e que geram impactos físicos e espirituais.

5) Evidências Quânticas: as evidências quânticas levantam a hipótese de que sentimento e emoções pertencem ao território da neuroquímica do cérebro. A mente não pertence ao cérebro, e gera significado com as experiências vividas. Sendo essa a mente de Deus diretamente, impacta e pertence a um Deus, afirmando que o cérebro e a mente trabalham juntos, formam recordações, mesmo sendo totalmente diferentes a interação acontece através de um mediador chamado Deus, que é necessário, um Deus quântico: Deus como consciência quântica.

NOVO PARADIGMA DA CONSCIÊNCIA, CIÊNCIA E RELIGIÃO

De acordo com cientistas, a consciência se expressa de duas formas, como sujeito e objeto, não se explica pela ciência. Na Física Quântica existe o domínio da potencialidade, em que não se vivencia o mundo com limites de espaço e tempo, onde todos são um, o que significa que toda parte é conectada com todas as outras partes de forma simultânea. Essa conexão instantânea que se chama de consciência, sendo a base de todo ser, quando um sujeito mensura um objeto em potencialidade, esse domínio da humanidade muda de sujeito para objeto, o que significa estar consciente da consciência, causação descendente se explica pelas escolhas que transformam as potencialidade em eventos reais da experiência.

Não é matéria a base de tudo, não se explica o sujeito da consciência, para vivenciar a consciência de forma mais evolutiva é preciso compreender-se que existem os carmas na nova visão de mundo com o olhar da Física Quântica, EGO com padrões e hábitos condicionados, ambientes e sociedade e esse condicionamento também aconteceu nas vidas passadas e, quando morremos, alguns condicionamentos dessa vida reencarnam na próxima vida. Essa herança de vidas passadas é chamada de carma. Existem carmas bons que são desenvolvidos pelos bons hábitos e que se aproximam da consciência UNA e se devem potencializar, e os maus hábitos, que se distanciam da consciência UNA ou quântica e é necessário reduzir os ruins por meio de equilíbrio na vida.

Na Física Quântica os desejos e objetivos podem ser materializados, compreendendo-se o que acontece quando a intenção além da consciência, que são arquétipos atraídos pelas pessoas, positivamente, e seguem-se de forma intuitiva e conectados manifestando-se nas vidas. O segredo não é COMO se escolhe e sim O QUE se escolhe, quando se faz uma escolha que não está em ressonância ao que se está vivendo, fica-se em ponto neutro, é preciso estar no movimento e sincronia de evolução da consciência e a consciência atua para que se manifeste o desejo, ou *insight*, e seja manifestado. Não é só porque se deseja algo que vai acontecer, deve estar de acordo com o movimento da consciência, que deve estar manifestado nas intenções.

Diante desse contexto faz-se necessário evoluir para um processo da meditação na evolução humana: vários propósitos, desacelerar a mente, aumentar espaços entre pensamentos e gerar mais espaço para o processamento do inconsciente. Outra forma de meditação é focar no que se está buscando, focar no arquétipo que se escolhe, a meditação ajuda na criatividade, esse não é o único trabalho da meditação e sim possibilidade de se distanciar da identidade de ego e viver o *self* quântico com características diferentes, o que é muito bom para a saúde, balanceia o sistema simpático com o sistema parassimpático.

EVOLUÇÃO QUÂNTICA EMOCIONAL COM PNL E COACHING INTEGRAL

ThetaHealing é um conjunto de técnicas que usa princípios da Física Quântica para evolução no processo individual, como impactar no global: passar por processo de transformação de si mesmo, quanto maior é o exemplo do que diz e quanto mais você é feliz isso proporciona uma autoridade moral para as pessoas ouvirem. Com essa integridade as pessoas vão prestar atenção e dessa forma se gera um impacto muito profundo na sociedade e na forma como as profissões são exercidas.

Porque é importante para liderar compreender e saber sobre Física Quântica, para gerar transformação, para entender o processo de transformação é preciso conhecer quais os condicionamentos, é preciso transformar, desenvolve-se excesso de concentração no EU, em qualquer transação todos pensam: "O que se leva com isso?" Princípio da não localidade, princípio praticar o amor, princípio da hierarquia entrelaçada, vivendo a partir do *self* quântico de forma entrelaçada.

Na Programação NeuroLinguística (PNL) é possível relacionar diretamente a Física Quântica a partir dos padrões e de seus sistemas representacionais de comunicação, linguagem e pensamento formados pelo sistema sinestésico, relacionado a pessoas que reagem a estímulos sensoriais, ou seja, sensações, pessoas que têm facilidade de se expressarem verbalmente; sistema visual, referente a pessoas que são fixadas em imagens, registros, sons e sensações; e sistema auditivo, ligados a pessoas fixadas pela forma verbal de entender e compreender o seu mundo. Essas três submodalidades que representam as pessoas e que compreendem o mundo neste formato, como base da PNL e que direcionam as pessoas aos seus objetivos relacionados diretamente com a Física Quântica, criando seu próprio mapa de mundo e sua realidade, uma vez que nenhum mapa de alguém é mais "real" ou verdadeiro" que o mapa de outros, permitindo dessa forma realizar gestão emocional a partir dos seus próprios padrões.

A vida é formada de ciclos que definem a existência da humanidade, eles são os construtores da evolução da consciência, cada passo que as pessoas seguem é para expandir sua visão de mundo, compreendendo que são as pessoas as únicas responsáveis por criar sua própria realidade e que o Coaching Integral e Sistêmico com a PNL possibilitam o alcance dos objetivos e metas, transformando as crenças limitantes que impedem de atingir os sonhos em crenças fortalecedoras que levam à prosperidade para atingir sem medos todos os desejos, a partir da transformação de energias que são a luz divina, com representação interna que é diferente para cada pessoa, porque Deus está em tudo e Deus é consciência.

REFERENCIAL TEÓRICO

CURY, A. **Gestão da Emoção:** técnica de coaching emocional para gerenciar ansiedade, melhorar o desempenho pessoal e profissional e conquistar uma mente livre e criativa. 1. ed. São Paulo: Saraiva, 2017.

GOSWAMI, A. **Deus não está morto:** evidências científicas da existência divina. 2. ed. São Paulo: Goya, 2015.

_____. *The visionary window: a quantum physicist's guide to enlightment.* Wheaton, IL: Quest Books, 2000. [*A janela visionária:* um guia para a iluminação por um físico quântico. São Paulo: Cultrix, 2006.]

MURPHY, J. **O poder do subconsciente.** 72. ed. Rio de Janeiro: BestSeller, 2017.

PERCIA, A.; SITA, M. **Manual completo de Coaching.** Grandes especialistas apresentam estudos e métodos para a excelência na prática de suas técnicas. São Paulo: Editora Ser Mais, 2011.

ROBBINS, T. **Poder sem limites:** a nova ciência do sucesso pessoal. 27. ed. Rio de Janeiro: BestSeller, 2017.

2

A METAFÍSICA DO SUCESSO

Bárbara Moreira

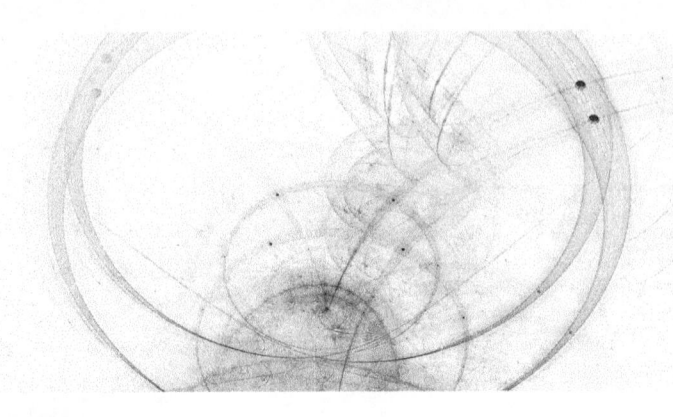

Bárbara Moreira

Life Coach pelo Instituto Holos e fundadora do Espaço DesprogrAME-SE! Escola de Autoconhecimento. *Coach* holística e desprogramadora de crenças limitantes, palestrante, professora e escritora, ministra cursos com metodologia própria como forma de realizar transformações poderosas nas vidas dos alunos. Possui participação ativa nas mídias sociais, onde proporciona informação gratuita e de qualidade a mais de 100.000 seguidores. "Acredito na infinita capacidade do ser humano de se reinventar e de construir a sua história. Nem o passado, nem a educação, nem mesmo o ambiente pode determinar nossa visão da vida, mas sim a consciência sobre as escolhas que fazemos a cada dia."

www.desprograme-se.com.br

www.youtube.com/desprogramesebh

O SALTO QUÂNTICO

Um salto quântico acontece quando uma partícula que se apresenta num determinado nível energético, ao acumular uma quantidade extrema de energia, salta para um nível mais alto. No entanto, nesse "salto" não é possível acompanhar o movimento da partícula, ela simplesmente "aparece" em outro lugar.

A partícula é você. A energia acumulada é a dor, o sofrimento, o cansaço, a experiência de identificar o que "não se quer" mais, ou o que você sente que "não merece mais" viver. Quando se torna insuportável a vida numa determinada camada, você, partícula, exausta pela repetição de padrões medíocres e energizada com a vontade de romper com a vida antiga, dá um basta. Chega. Não há mais volta, não há mais conversas ou ponderações sobre o que já foi. Não há mais espaço para segurar nada. Se você não decidir por conta própria, algo decidirá por você, uma vez que a quantidade de energia acumulada torna-se impossível de administrar. Então, algo totalmente novo irrompe em sua vida, ou você mesmo surge, absolutamente repaginado. As pessoas se chocam, a sociedade não compreende, sua família se espanta: "Como ele(a) acabou com aquilo de uma hora para outra? Como ele(a) não se importa mais com tal coisa? Como não faz mais parte disso ou daquilo? Como cortou aquele hábito repentinamente? Como, de repente, está tão diferente?" Não foi "de repente". Foram seus cansaços, seus questionamentos, suas experiências difíceis, sua busca pela evolução, seu trabalho interior, os momentos desafiadores, os entendimentos, os desentendimentos, e tudo que contribuiu para o grande momento do "não dá mais!". Você é a partícula, e acaba de pular para a camada mais alta.

TODOS QUEREMOS DAR SALTOS QUÂNTICOS!

Atualmente muito conteúdo motivacional é propagado de forma simplória, rasa, sem o cuidado de promover os questionamentos que geram a profundidade emocional necessária para a geração de mudanças efetivas nas vidas das pessoas. A felicidade e as promessas de "deixe o passado para trás", "renove-se", "mude de vida" são colocadas como produtos nas prateleiras do indivíduo cansado de frustrações.

Não há mal algum no estudo, no ensino e na exposição de técnicas, exercícios e práticas para provocar a transformação de algum hábito ou padrão. Esses, inclusive, podem ser muito bem utilizados e com resultados satisfatórios caso o olhar do usuário esteja voltado para seu universo interior e sua busca seja verdadeiramente por uma vida que valha a pena. Dessa forma ele estará hábil a conectar suas experiências passadas, seus aprendizados, suas percepções sobre a vida, as situações e as relações e seus desejos de mudança genuínos com as técnicas e exercícios apresentados, pois será capaz de lançar um olhar holístico e integral sobre si mesmo e suas vivências com base ética, livre de julgamentos e falsos moralismos.

Somente quando avaliamos nossa situação com benevolência, compaixão e compreensão do todo podemos realmente alcançar o nível de desprendimento que possibilitará o salto quântico. O perigo consiste na maioria dos casos em que o "buscador" não possui a inclinação filosófica de olhar para nada disso, ao contrário, busca apenas "resolver um problema ali rapidinho" fazendo um curso ou algum acompanhamento de Coaching por exemplo.

Queremos tudo rápido, instantâneo, pra ontem, pra já. Estamos impacientes, com pressa e, logo, sem profundidade. Conheço muitas pessoas que confundem **leveza** com **superficialidade** e assim seguem dizendo: "Sou uma pessoa leve! Gosto de uma vida leve!" E com base nessa ideia evitam a todo custo olhar para a **realidade**. Por que acreditamos que olhar para a realidade é deprimente? Por que tanta energia é colocada no sonhar, no idealizar, e tão pouca no "aqui e agora", onde as possibilidades de concretizar nossos sonhos realmente se encontram? Nossa sociedade se torna cada dia mais frustrada e proporcionalmente incapaz de lidar com essa frustração. A partícula que salta de uma camada para a outra não o faz por ter realizado 12 horas de um curso de controle mental, mas sim porque sua autopercepção lhe informa, constantemente e de forma incessante, que é hora de liberar aquela energia acumulada, por mais desconfortável que seja.

ENTENDENDO O SALTO QUÂNTICO EM ETAPAS

Como um esquema prático é bom e todo mundo gosta, vejamos:

FASE I – ACÚMULO DE ENERGIA

EXCESSO DE ESFORÇO E LUTA COM A SITUAÇÃO + FRUSTRAÇÃO / DESILUSÃO = **EMOÇÕES INTENSAS** (RAIVA / TRISTEZA)

Na fase I você sente que "não dá pra piorar". Já tentou de tudo, já negociou consigo internamente várias vezes, deu diversas chances à situação ou ao outro, investiu de variadas formas e não obteve os resultados desejados, ao contrário. Geralmente a partir daí abrem-se dois caminhos emocionais possíveis: A RAIVA ARREBATADORA ou A TRISTEZA PROFUNDA. Ambas vêm do choque com a realidade "inaceitável" para a mente idealizadora e inflexível.

FASE II – LIBERAÇÃO DE ENERGIA

ACEITAÇÃO DO QUE NÃO SE PODE MUDAR + GERAÇÃO DE AUTOESTIMA = **ESGOTAMENTO ENERGÉTICO / RENDIÇÃO**

Nesta fase II você cansou de brigar mentalmente com a situação. Desiste completamente de se debater com algo que o esgotou, o exauriu. Muitas vezes é forçado a essa rendição pela própria vida (como em casos de doenças ou de crises muito dolorosas), quando lutar contra a correnteza se torna tão cansativo que você opta por soltar os remos e deixar o barco seguir rio abaixo, levando-o até a margem com facilidade e fluxo. Aqui a aceitação não vem da passividade ignorante ou contemplativa, mas sim da geração de autoestima: paro de me esforçar brigando com as coisas, pois tenho valor, confio na vida e em mim mesmo, posso "soltar" toda resistência. Nesse processo libera-se a raiva ou tristeza contidas e a "partícula" salta para a próxima camada, liberando a energia acumulada.

FASE III – O SALTO / A MUDANÇA

Você surge renovado internamente (ou até externamente) e passa a impressão de que "houve um milagre". E é bem por aí mesmo. Um milagre é tido como uma "cura" da qual foi impossível acompanhar os processos e as etapas de forma visível e explicável pela lógica humana. Cá entre nós, só você sabe o que venceu dentro de si! Portanto parabenize-se, agradeça e assuma as posturas necessárias para viver essa nova fase!

TORNE-SE LÍDER DE SI MESMO E DÊ SALTOS DIÁRIOS!

Vimos que o processo do salto quântico envolve uma transformação aparentemente abrupta ou imediata, mas com um olhar mais apurado pudemos identificar a sutileza da internalização da **autoestima** e do **desapego**, fatores primordiais para a consolidação de qualquer mudança real.

Sem autoestima é impossível realizar a liberação de energias antigas e desqualificadas, estejam elas armazenadas em nosso corpo físico, emocional, psíquico ou etérico. Para sairmos de um ponto de identificação com situações, pensamentos, emoções e relações de baixa frequência é necessário assumir a liderança da própria vida e para tal precisamos compreender o que de fato constitui **um líder**.

O líder é aquele que toma a frente das mudanças, assume para si a responsabilidade de desenvolver, gerenciar, acompanhar, administrar, revisar, monitorar e implementar as modificações necessárias em um determinado projeto. O líder, ao contrário do especialista, deve ter uma visão global da coisa. É importante que saiba comunicar-se bem com todos os setores e os encarregados, que tenha a "visão do todo" e articule as equipes entre si.

O líder também se diferencia do coordenador. Enquanto o segundo mantém as operações ativas, o primeiro não só verifica o funcionamento das atividades prioritárias como também trata de atualizá-las constantemente, de acordo com a evolução do projeto (podemos avançar mais? Temos os recursos necessários? Onde conseguir mais recursos? Algo saiu fora do planejado? É preciso reestruturar o formato do projeto? É preciso começar do zero? Nossos operadores estão motivados? Etc. etc.).

"E agora, o que isso tem a ver com minhas mudanças pessoais?" TUDO.

Se em sua vida você escolhe ser apenas **coordenador,** estará constantemente monitorando as pessoas e as situações para que elas estejam "funcionando direitinho". Monitora seu corpo indo à academia, comendo regradamente, segurando sua vontade perante um pudim de leite condensado: "Não posso! Senão a coisa desanda..." Monitora a família, visitando de vez em quando por obrigação, ouvindo o que não quer, tudo para que as coisas continuem "funcionando direitinho, certinho, belezinha".

Enquanto vai tudo bem, dentro de sua concepção de controle, ótimo! Você sente que está no comando, está tudo caminhando. A vida é harmoniosa. Então alguém o surpreende negativamente, o magoa, o machuca. Algo sai do lugar, surge algum sintoma "imprevisto" e você se sente impotente. "O que fiz de errado?", logo vem a culpa, a condenação, e todo o conjunto de práticas mentais e emocionais pejorativas que combinam tanto com a frequência vibratória do controlador. Sair dessa vibração e reerguer-se com autoestima e desapego suficientes para levar a um salto quântico vai exigir um outro tipo de posicionamento, o do líder.

Veja que quem tenta coordenar a própria vida, os próprios passos e os dos outros está em constante conflito com o fluxo natural das sincronicidades. A postura de líder requer flexibilidade e amorosidade para saber "ouvir" o que a vida quer dizer-nos a cada momento. A liderança vem da sensibilidade de alguém que repara nos detalhes e nos "sinais" que pessoas e situações podem trazer-lhe. O líder, portanto, não é alguém que segue normas e padrões rígidos, mas que pode utilizar esses padrões em benefício do projeto, sempre aliado aos instintos e intuições interiores. O líder não pode de forma alguma tornar-se arrogante, uma vez que a presunção da aplicação simples de normas e regras como fundação para o sucesso do projeto levá-lo-á ao fracasso do mesmo. *Mas e quando o "projeto" é a nossa própria vida?*

FAÇA DA SUA VIDA UM PROJETO DE SUCESSO!

Primeiramente, vamos começar compreendendo o que é o sucesso, ou melhor, o que ele "não é". O sucesso é algo que "não é". Ele nunca "será" para o sujeito, ele é apenas um efeito da visão do outro pelo sujeito da ação. Se eu, Bárbara, tenho uma vida na qual me sinto emocionalmente bem, em que estou fluindo na prosperidade financeira e nos relacionamentos, poderei sentir-me: alegre, calma, saudável, satisfeita, preenchida, bem-humorada, em paz etc. Sentir-me-ei como uma pessoa de sucesso? É possível que o sucesso seja "**sentido**"? Não. O sucesso é **constatado**. E essa é uma diferença que nos soa como algo trivial, mas que aqui será muito útil para nós que estamos buscando ressignificar nosso olhar a fim de darmos saltos quânticos!

O sucesso é a constatação de que se alcançaram os resultados desejados em alguma ou várias áreas do projeto (neste caso, da própria vida). Portanto o primeiro passo é compreender claramente que: o sucesso não é nada "em si", mas uma espécie de "título" que nos damos ou que damos a algum resultado alcançado. Logo, a pergunta efetiva é: quais resultados desejo ver em minha vida? O que **realmente** estou buscando? Mais uma pergunta que traz um ar de obviedade e que pode deixar o leitor um tanto furioso e eu peço sinceras desculpas por isso, todavia, sugiro uma respirada profunda seguida de uma micropausa e um esforço de boa vontade para prosseguirmos. Ótimo! O que estou **realmente** buscando?

Quando quero o carro na garagem, o corpo sarado, um relacionamento feliz, o sucesso financeiro, a aprovação no concurso, o que estou **realmente** buscando? Se todas essas coisas ou outras coisas parecidas que acreditei que estava buscando até agora são apenas **imagens de sucesso** e se jamais poderei senti-las, e se, ainda, minha vida verdadeira é a vida que posso **sentir** internamente, o que acredito que vou SENTIR ao obter essas coisas que tanto busco? Somente quando me deparo com o sentimento que intenciono encontrar na situação externa é que esta tem chance de se tornar real. A chave para o sucesso é acionar internamente a sensação procurada, antes mesmo que o resultado se concretize.

Para a mente do **coordenador** parece muito, não é? *"Poxa! Tenho que* *ter autoestima suficiente para me desapegar sem me render às frustrações; para isso posso usar algumas técnicas e ferramentas de Coaching, porém, sem perder de vista a consciência do olhar para meu mundo interior; preciso tornar-me líder de mim mesmo, o que significa tomar a frente das mudanças, assumir para mim a responsabilidade de desenvolver, gerenciar, acompanhar, administrar, revisar, monitorar e implementar as modificações necessárias no projeto de minha vida; para tal é preciso estar sintonizado com meu subconsciente, que me traz informações intuitivas e instintivas, características naturais e essenciais de um bom líder; e ainda parar a todo momento para auscultar o verdadeiro **sentir** que propulsiona meus sonhos de sucesso e aplicá-lo interiormente a fim de gerar a energia necessária para sua realização, e, primeiramente, para a realização de minha alma. Cansei. Não quero mais não, obrigado!"* (risos).

Parece muito, parece impossível. Parece que cada informação que lemos, cada livro ou capítulo, torna tudo mais denso, mais cheio de condições e que nos sentimos espremidos nesse mar de "faça assim, faça assado", só parece. É a mente do leitor que determina como o conteúdo chega até ele. Um coordenador certamente se sentirá sobrecarregado, uma vez que vê funções, tarefas, e a restrita capacidade de controlar os fenômenos. Um líder, não. Um líder vai ler devagar, com apreço. Vai discordar e vai questionar-se. Pode enfurecer-se com o autor - "quem ele pensa que é para me dizer o que fazer?" -, mas algo dentro dele falará mais alto que a raiva, uma vez que sabe que toda raiva contém uma verdade escondida. Algo dentro dele falará mais alto que a presunção de saber tudo, pois sabe que a arrogância é a base para o fracasso de qualquer projeto. O líder é assim. Humano em toda sua natureza. Falho e perfeito como cada um dos seres viventes. O líder de sua vida é você. Pegue toda sua sensibilidade, sua vontade de verdade, seu ímpeto pelo melhor e ponha na vida. Pegue toda sua vergonha, suas culpas, seus medos e ponha na vida. O mundo precisa de líderes, de pessoas de verdade. O mundo precisa de você e da sua capacidade de dar saltos quânticos diariamente.

3

LIDERAMOS DE FORMA CONSCIENTE OU SOMOS LIDERADOS PELO NOSSO INCONSCIENTE?

Cátia Duarte Schumacher Knijnik

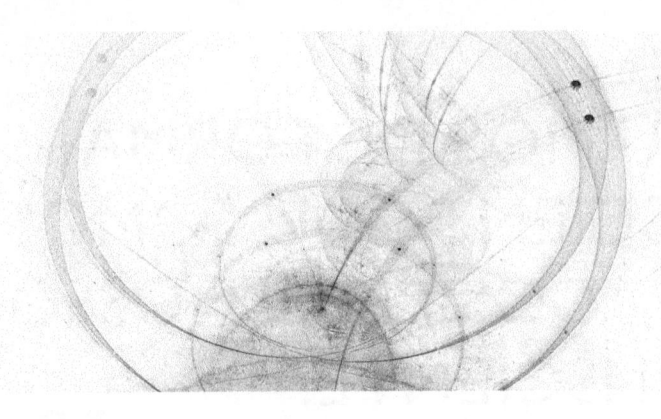

Cátia Duarte Schumacher Knijnik

Mãe do Carlos Eduardo. Uma eterna aprendiz... Um ser de luz em constante evolução e reikiana. Sua formação acadêmica é Gestão Financeira, Especialização em Mercado de Capitais, técnica Contábil, Master Coach formada pelo Instituto Holos. Possui diversas capacitações nas áreas de planejamento, gestão de processos, ambientais e *marketing*. Atualmente exerce a atividade de assessoria de comunicação em um hospital da cidade onde reside. Escreveu o artigo "Coaching à distância" para a Revista Coaching, edição 52, e alguns artigos para o site www.menteemharmonia.com.br. Segue à disposição para troca de experiências, reflexões acerca das informações aqui escritas e percepções obre este universo em que vivemos e de que somos parte.

Participar de uma obra tão significativa quanto esta, realizada por várias mãos de profissionais renomados, experientes, é com certeza uma enorme honra.

Agradeço imensamente a oportunidade ao prof. Marcos e a todos os demais envolvidos, à Editora, que confiou em meu potencial, acreditando na minha competência à altura para poder contribuir com tão brilhante obra.

Indagações e questionamentos nos fazem crescer, evoluir.

Quantas vezes por dia você se autoquestiona?

Olhou no espelho hoje e se perguntou alguma coisa? É uma prática interessante.

O que você tem feito consigo mesmo que não está refletindo o que quer?

Hoje somos o resultado das ações que executamos ontem, e amanhã seremos o resultado das ações que executamos hoje.

Pois bem... Se somos o resultado de nossas escolhas e estamos insatisfeitos com nossos resultados, a responsabilidade disso é de quem?

Quem é que age?

Você é daquele tipo *"perseguido"*, segundo o qual o mundo está contra você?

Nada dá certo, ou o que dá não é bem o que você gostaria que fosse?

E já se questionou por quê?

Faça essa reflexão agora, pare de ler este capítulo. Pegue um espelho e olhe para você!

O que você vê?

Descreva o que vê.

Você se vê feliz? Satisfeito? Realizado consigo mesmo?

Está alcançando o que esperava conseguir?

Quem lidera você? O que te move, o que te inspira, o que te faz suspirar só de pensar?

O que te emociona, o que te aciona, o que te faz movimentar-se?

O que é?

Este capítulo não tem a pretensão de ensinar você a ser líder, tem única e exclusivamente a intenção de te fazer pensar um pouco mais sobre os resultados que vem obtendo atualmente e se os mesmos estão satisfatórios ou merecem melhor atenção de sua parte.

Quando você está triste, o que vem na sua cabeça?

Você se questiona por estar triste?

E quando você fica triste consegue perceber qual foi o gatilho que te impulsionou a sentir essa tristeza?

"Como assim?", você vai me dizer.

"Tristeza? Gatilho? Qual a relação disso tudo com liderança?"

Eu respondo! TUDO!!

Porque você só conseguirá ser um líder de verdade se em primeiro lugar for seu líder, você tem que se conhecer e se reconhecer para ser LÍDER e LIDERAR os outros.

"Como assim, me conhecer? Óbvio que me conheço!!"

Eu digo: "Será mesmo?"

Será que se conhece o suficiente para ser um exemplo de LÍDER?

E que história é essa de se RECONHECER?

Eu afirmo... Reconhecer você nos outros... faz parte da Liderança.

Se você é um líder evidentemente sabe que o LÍDER tem seus liderados, que nada mais são do que fragmentos do líder maior em outros seres humanos.

Você pode estar dizendo ou pensando... "Que loucura é essa? Como assim fragmentos de mim em outros corpos?"

Por isso eu disse RECONHECER, olhar os outros e se identificar neles, características de você que habitam no outro...

Você sabe reconhecer-se no outro?

E os seus inimigos? Se é que você tem... Ou desavenças... Como pode isso?

Exatamente assim... Partes de você estão no outro e partes do outro estão em você.

Tudo faz parte do campo energético em que estamos envolvidos.

As pessoas com as quais nos relacionamos estão de certa forma vibrando na mesma frequência energética em que nós estamos.

Por isso em momentos na vida algumas pessoas se afastam e outras aparecem ou reaparecem, por causa da frequência em que vibramos.

O texto de Aristóteles "A Revolução da Alma" traz uma lição enorme em seu conteúdo que o filósofo grego escreveu em 360 a.C. e ainda nos indagamos milhares de anos depois em torno dos mesmos questionamentos. Isso demonstra que os seres humanos têm esse anseio por conhecimento e não é de agora.

E se você continua aqui é porque ainda não encontrou todas as respostas que procura.

Voltando a avaliar como tomamos nossas decisões me deparo novamente com o meu inconsciente governando...

Seguindo pelas conclusões e reflexões do filósofo dr. Joseph Murphy, segundo as quais o nosso subconsciente é o responsável por tudo que nos acontece diariamente, chego à conclusão de que realmente somos liderados por ele, mas de uma forma que sutilmente ele se imprime conscientemente nas nossas ações, com isso ficamos com a impressão de estar agindo de forma consciente nas ações e decisões do nosso dia a dia, porém o subconsciente sempre esteve no comando das nossas ações e ele é o verdadeiro responsável pelos resultados que obtemos diariamente.

Nesse caso, minha sugestão a você, que busca sua evolução pessoal, é que aprenda a se conhecer. Conheça seu subconsciente. Entenda como ele toma as decisões em cada circunstância que ocorre na sua vida, se você conhecer de perto todo esse maravilhoso e infinito poder que tem dentro de si alcançará todos os resultados que quiser.

Sei que parece um tanto quanto utópico o que escrevi nas linhas acima, mas realmente é o que eu acredito.

Estou na caminhada do conhecimento sobre o meu eu interior, e garanto a você que o que já descobri e conheci ao meu respeito faz toda a diferença hoje nas minhas ações.

Está tudo interligado, isso quer dizer que meu subconsciente vem sutilmente me conduzindo para leituras e experiências que fazem com que eu hoje tenha esse entendimento sobre ele, é um processo de evolução constante, ou seja, nunca para, porque nós nunca paramos, estamos sempre buscando, fazendo, nutrindo nossas células com informações, pensamentos que nos mantêm em algum lugar, às vezes fisicamente, por outras vezes mentalmente... Não acontece com você?

Em que momento estamos verdadeiramente conscientes das decisões que tomamos?

Seria o nosso inconsciente que toma 95% das nossas decisões durante o dia?

Em que momento temos consciência de que estamos tomando decisões de forma consciente?

Seria o inconsciente tomando decisões no lugar do nosso consciente? Passando-se pelo nosso consciente?

Como perceber a sutil e tênue diferença entre essas duas formas de conduzir nossas vidas?

Como estamos nos deixando levar pelas ações propostas pelo nosso inconsciente, de forma um tanto automática, ele vem forjando conceitos dentro das empresas em que atuamos, dentro das relações que desempenhamos, seja no âmbito pessoal ou profissional.

Como avaliar essas atitudes de forma consciente se na maioria das vezes são desempenhadas pelo nosso inconsciente?

Pois bem... É uma questão de hábito. Sim, de hábito, disciplina e comprometimento consigo próprio.

Você vai me questionar: "Como isso é possível?"

E eu irei responder: "TUDO É POSSÍVEL! Basta querer!"

Porém o próprio querer implica comprometimento, disciplina e hábito.

A disciplina é a base para qualquer desenvolvimento que se busque aprimorar, aperfeiçoar e desenvolver.

O comprometimento é algo necessário para consigo mesmo, estar comprometido com algo remete a força de vontade, determinação, busca pelo resultado almejado, consequentemente sucesso naquilo que foi proposto.

O hábito é algo que se forja com a disciplina e o comprometimento, o hábito é desenvolvido a partir desses dois elementos mencionados, e com o passar dos dias, quando a disciplina e o comprometimento são repetidos automaticamente, o hábito vai sendo forjado e fazendo parte do ser que somos.

Somos a soma de disciplinas e comprometimentos que temos para conosco ao longo de nossas vidas.

Algumas literaturas sugerem que um hábito pode ser forjado se repetido por no mínimo 60 dias.

Se somos disciplinados e comprometidos com nossa alimentação, atividades físicas, consequentemente teremos hábitos saudáveis que resultaram em uma excelente saúde, ou seja, ausência de doenças em nosso organismo. Porém se, ao invés disso, não formos comprometidos e disciplinados com nós mesmos, não conseguiremos desenvolver hábitos saudáveis e ficamos à mercê dos acontecimentos que estão para vir.

O sistema imunológico fica vulnerável e com isso somos excelentes presas para vírus e bactérias espalhados por todos os lados.

Resultado disso, consequentemente, serão enfermidades que deverão ser tratadas uma hora ou outra.

Uma coisa é certa em se tratando da matéria energética que possuímos, nosso corpo, se não tivermos tempo para cuidar de nós mesmos, o tempo se encarregará de oportunizar de alguma forma o tempo de que precisamos dispor para dar atenção ao nosso corpo. De uma forma ou outra vamos ter que olhar para nós mesmos e nos conhecer.

Não adianta fugir e postergar, não querer se comprometer com o ser que somos.

De um jeito ou outro precisaremos olhar para a matéria energética que possuímos e observar o que realmente somos.

Mas afinal... O que somos nós?

Essa é uma reflexão que cabe a cada um de nós, seres que compõem um todo, mas que são um todo por si só também.

Para entender o todo do qual fazemos parte é necessário entender o todo que somos na qualidade de partes.

Se soubermos acessar dentro de nós mesmos, saberemos as respostas de todos os questionamentos do universo.

Somos todos um.

Se assim é, eu sou parte do todo e você também, logo, é possível que eu saiba muito de você a partir de mim.

Quando tomarmos consciência de que pensar é criar, e que se eu penso coisas boas estarei vibrando energeticamente de forma positiva e oportunizando ações com a mesma frequência vibracional que aquela, porém, se estou vibrando de forma negativa, da mesma forma estarei atraindo para meu campo energético situações negativas que casam com a crença que o meu inconsciente estiver operando.

Sei que tudo isso pode lhe parecer estranho neste primeiro momento, mas tenho a mais convicta certeza de que em algum momento você irá despertar de seu inconsciente que lhe escraviza e terá a liberdade de agir com o seu consciente no comando, percebendo tudo que estamos escrevendo aqui e, consequentemente, tendo a melhor *performance* de você mesmo.

A chave para alcançarmos os nossos objetivos e resultados desejados é primeiramente ter em mente o que se quer.

Depois, é buscar as condições para que se alcancem esses resultados.

Muitas vezes não sabemos como agir, e ficamos paralisados, sem reação, porém, o querer realmente transcende qualquer medo ou possibilidade de que não alcancemos os resultados que queremos.

Querer é poder, no entanto, nosso inconsciente deve estar consciente sobre o que realmente queremos e assim contribuirá para que seja alcançado.

Saliento a importância do autoconhecimento, a identificação das crenças limitantes e fortalecedoras que possui no seu íntimo e a busca pela superação contínua, que envolve o seu processo de evolução.

Se quer ser líder de alguém primeiro deve conhecer quem lidera você mesmo.

Para saber exatamente o porquê de cada causa e consequência que ocorre na sua vida, deve buscar as respostas aí dentro de você.

Se passamos muito tempo pensando em coisas negativas, ocupamos a mente com o negativismo e assim faltará espaço para o positivo em nossas vidas. E como nossos pensamentos são ondas vibracionais, que não enxergamos, mas sabemos que ali estão, eles vibram de acordo com o que estamos pensando, tornando nosso campo energético positivo ou negativo, de acordo com a frequência de pensamentos em que estamos "sintonizados".

Sugiro que você deixe de pensar em catástrofes, em crise, em miséria, desemprego, corrupção.

Ocupe sua mente com o que realmente é importante para você. Tenha claro o que é bom e promissor para você e se ocupe disso.

Veja o lado bom e positivo de tudo que ocorre na sua vida.

E as coisas vão fluir mais fáceis, pode ter certeza disso.

O objetivo deste capítulo é fazer uma provocação para que você também se descubra mais e mais, se conheça e reconheça em si e nos outros. Meu objetivo é que você sinta vontade de se conhecer como eu comecei a me conhecer no meu processo evolutivo.

É incrível o quanto o conhecimento sobre si faz diferença em nossas vidas.

Permite-nos analisar momentos em nossas vidas em que claramente repetimos hábitos fixados em algum momento da nossa existência e que o nosso inconsciente opera de forma à condução deste hábito, já que é um hábito e está gravado em nós.

Como posso mudar algum hábito que já é hábito e eu nem sei que o meu inconsciente o encaminha de forma consciente?

Vou responder...

Simples...

Analise os resultados que tem tido na sua vida hoje.

Acredito que, se estiver satisfeito com todas as áreas da sua vida, deve ser uma pessoa que vive em equilíbrio e muita paz.

Mas caso alguma delas esteja de alguma forma deixando-o insatisfeito, posso acrescentar que merece uma especial atenção dentro de você para resolvê-la.

Quando consegue acessar o seu inconsciente de forma consciente está dando um salto quântico no seu processo evolutivo, e como consequência tem a sensação de paz, sensação maravilhosa, indescritível, a melhor sensação que o ser pode sentir, e que desejo que todos possam sentir essa sensação em algum momento de suas vidas.

Acredito que somos seres em evolução e constantemente estamos crescendo, nos desenvolvendo, transcendendo. Isso faz parte de nós, Isso somos nós. Seres em constante evolução e transcendência.

Mais uma vez agradeço a oportunidade de poder expressar as minhas reflexões e a possibilidade de provocar de certa forma um pouquinho que seja a reflexão dos leitores que por aqui passarem.

Fico à disposição para troca de percepções acerca do que escrevi.

Forte abraço,

Gratidão!

RODA DA VIDA

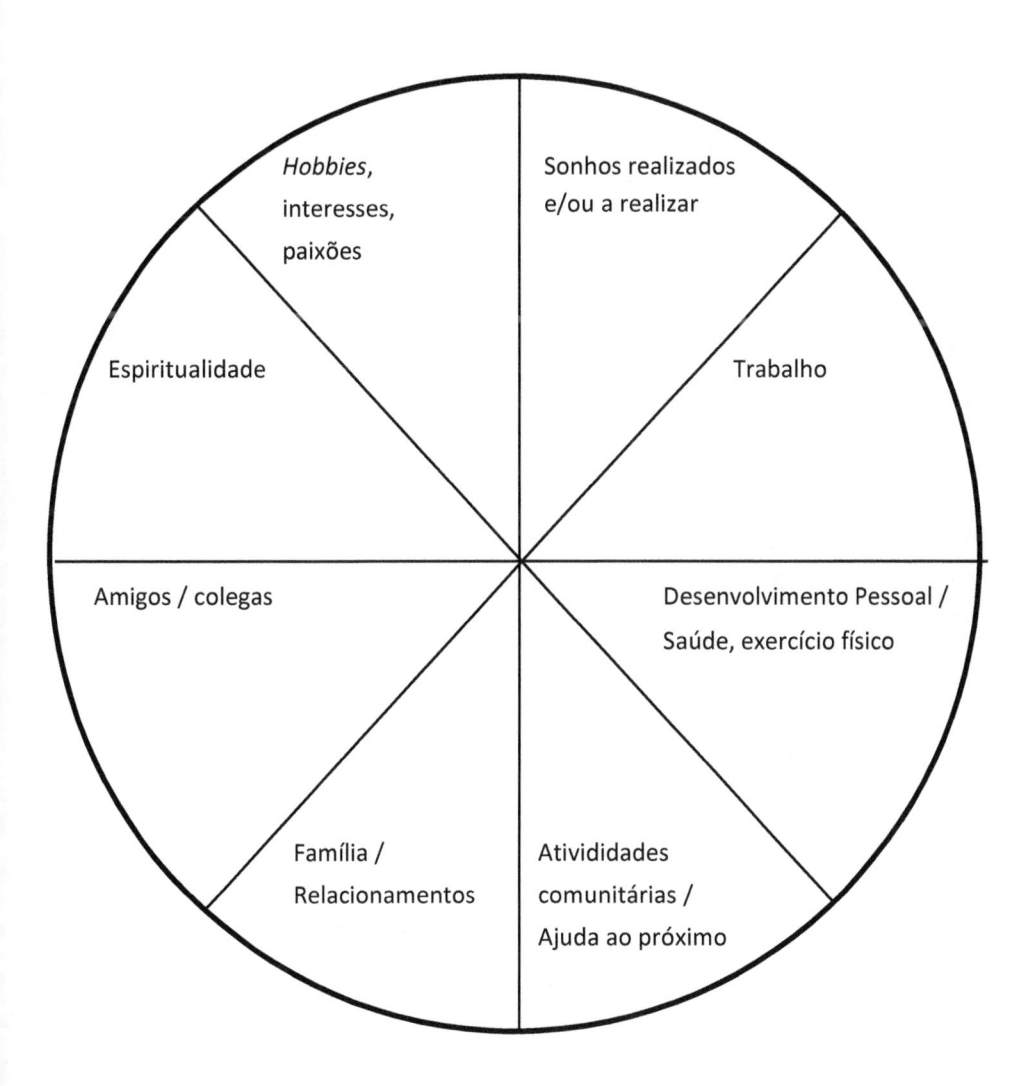

- Hobbies, interesses, paixões
- Sonhos realizados e/ou a realizar
- Espiritualidade
- Trabalho
- Amigos / colegas
- Desenvolvimento Pessoal / Saúde, exercício físico
- Família / Relacionamentos
- Atividades comunitárias / Ajuda ao próximo

4

O PAPEL DO LÍDER COMO ATIVISTA DO CONHECIMENTO NAS ORGANIZAÇÕES

Fabio Siqueira

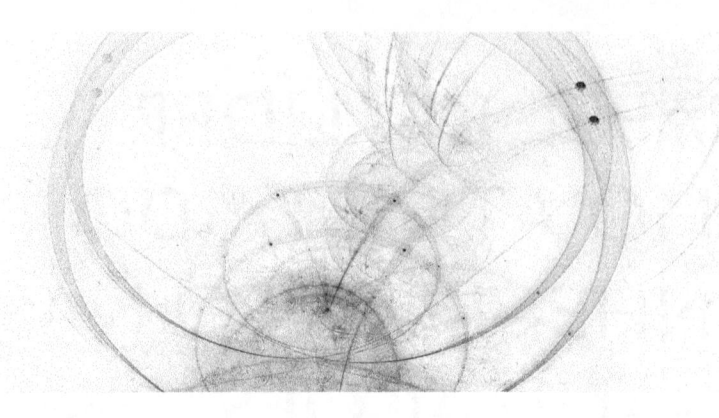

Fabio Siqueira

Psicólogo, consultor organizacional, professor e *master coach*. Possui especialização em dinâmica de grupos e em Administração e Gestão do Conhecimento. Trabalha há mais de dez anos ajudando pessoas e organizações a desenvolverem seu pleno potencial.

(81) 99513-6168

contato@fabiosiqueira.psc.br

www.fabiosiqueira.psc.br

O último quarto do século passado nos legou algumas mudanças que potencializariam o nosso modo de produzir e de trabalhar nas décadas seguintes. Segundo Castells (2006), esse novo cenário reúne algumas características fundamentais: 1. Esse cenário é **informacional**, tendo a sua produção vinculada a um substrato de informação, essa, por sua vez, alicerçada em uma determinada base de conhecimento; 2. É **global**, em virtude da escala das transações de consumo e circulação de mercadorias e 3. É **em rede**, devido ao seu fluxo de transações, que interligam os diversos *players* em volta do globo terrestre. Levy (2010, *apud* Dziekaniak & Rover, 2011) denomina esse novo cenário **Sociedade do Conhecimento**, na qual vivemos predominantemente em uma economia baseada na Gestão do Conhecimento.

De lá pra cá, as organizações, em geral, têm-se desenvolvido de tal forma que o conhecimento está se tornando o seu principal ativo estratégico. Isso faz com que cada vez mais fique patente a necessidade de se realizar uma Gestão do Conhecimento eficaz nas organizações. Esse modelo gerencial busca cada vez mais desenvolver e captar os conhecimentos, competências e *expertises* de seus colaboradores e disseminando-as de maneira estratégica para a organização, de modo a converter competências individuais em competências organizacionais. Nonaka e Takeuchi (2008) criaram um modelo classicamente conhecido como a **Espiral do Conhecimento**, no qual se busca realizar arranjos combinatórios de conversão entre as modalidades de conhecimento (tácito e explícito), de modo a se obterem quatro modalidades de conversão do conhecimento: socialização (de conhecimento tácito para conhecimento tácito), externalização (tácito-explícito), combinação (explícito-explícito) e internalização (explícito-tácito). São diversas as ações que podem se realizadas de modo a fomentar a conversão do conhecimento nas organizações, nas respectivas modalidades de conversão anteriormente apresentadas, tais como sessões de *brainstorming*, a criação de esquemas visuais, a elaboração de um livro conjugando áreas de conhecimentos afins e atividades de Coaching.

A Gestão do Conhecimento nas Organizações está intimamente relacionada à Aprendizagem Organizacional, pois é a partir dela que as organizações poderão desenvolver as competências necessárias para cumprir a sua missão estratégica. Considerando que o conhecimento reside nas pessoas, cabendo aos Sistemas de Tecnologia da Informação e Comunicação apenas o registro de dados e informações, é importante que a dimensão humana seja considerada como a mais importante variável ao se tratar de projetos de Gestão do Conhecimento, possibilitando que esses sejam implantados de maneira eficaz nas organizações. Para isso, o papel da liderança é fundamental para a consolidação do contexto capacitante necessário à Gestão do Conhecimento. Como ativistas do conhecimento, cabe aos líderes estimular e apoiar a experimentação de novas iniciativas, fomentando em si e em seus liderados atitudes e posturas de comprometimento, participação e aceitação genuína em relação a ações que fomentem a aprendizagem organizacional. Para Nonaka e Takeuchi (2008), o ativista do conhecimento deve ancorar sua atuação em seis propósitos basilares: 1. Foco e inicialização da criação do conhecimento; 2. Redução do tempo e de custos necessários para a criação do conhecimento; 3. Alavancagem de iniciativas de criação do conhecimento por toda a organização; 4. Melhoramento das condições daqueles engajados na criação do conhecimento, relacionando suas atividades ao quadro geral da corporação; 5. Preparação dos participantes da criação do conhecimento para novas tarefas nas quais seu conhecimento é necessário; e 6. Inclusão da perspectiva da microcomunidade no debate mais amplo de transformação organizacional.

Nesse caso, o líder tem um papel fundamental no nivelamento

transversal do conhecimento, estimulando e interligando as ações voltadas para a criação do conhecimento em todas as unidades de um dado sistema organizacional. Esse esforço torna possível a geração de um espaço frutífero para os relacionamentos voltados à liberação do conhecimento tácito. É importante, para tal, que o líder tenha bastante clareza acerca dos seus próprios atributos referentes à liderança. Para compreendermos melhor as questões mais atuais referentes ao estudo da liderança, faz-se necessário um breve parêntese, sobre os três ângulos com os quais podemos analisar o trabalho do líder, colocados em forma de perguntas: **"O que o líder faz? Como o líder faz o que faz? Que fontes os líderes estão utilizando para fazer o que fazem?"** Scharmer (2010) destaca que os dois primeiros prismas têm sido enfocados em sua quase totalidade desde os estudos primordiais de liderança até o passado mais recente. Já o terceiro ângulo faz parte de algo mais hodierno no estudo da liderança, algo que nos remete a uma volta às origens etimológicas do termo.

O conceito de liderança, advindo diretamente do idioma Inglês (*to lead:* levar a algum lugar), adquiriu outros significados ao longo do tempo. Senge (2010), propondo o tal retorno às origens etimológicas do termo liderança, remete-o à raiz indo-europeia da palavra, *leith*, que tem o significado de "partir", "cruzar um limiar" ou "morrer". Trata-se de um significado que nos traz a reflexão sobre o "deixar ir", desapegar-se, para se lançar no desconhecido e então adentrar em um novo mundo. Essa seria a essência primordial da liderança. Scharmer (2014), nessa nova leitura, compreende a liderança como a "capacidade de deslocar o lugar interior do qual operamos". Isso implica, nas palavras do mesmo autor, voltar a consciência para três níveis de consciência: a da **mente aberta** (buscar questionar premissas antes dadas como inquestionáveis e se abrir para conhecer outras igualmente verdadeiras), **coração aberto** (compartilhar nossos sentimentos com os outros, ajustando-nos a diversos contextos, bem como desenvolvendo a empatia) e **vontade aberta** (relacionado à nossa capacidade de acessar o nosso propósito de vida).

A atenção dada a esses três níveis de consciência, ainda segundo Scharmer, nos permite acessar o estado de *presencing* (neologismo que combina as palavras inglesas referentes a **presença** e **sensibilizar**). Essa combinação acontece quando direcionamos nossa percepção para uma possibilidade futura que de alguma forma "procura emergir". Em termos de princípios e práticas, o *presencing* pode ser trabalhado a partir de cinco passos: 1. Coiniciar: ouvindo os outros e identificando as necessidades mais prementes; 2. Buscar lugares de maior potencial, propondo uma jornada de sensibilização, descoberta e aprendizagem na prática; 3. Adotar práticas de retiro e reflexão, cultivando o conhecimento interior; 4. Prototipar microcosmos, a fim de explorar esses possíveis cenários futuros; 5. Fomentar e valorizar sistemas de inovação. O líder que adotar tais práticas habilitar-se-á a se inserir em um ambiente que cada vez mais tem exigido uma (re)invenção de sua própria prática, ressoando tais princípios e práticas ao longo de sua rede de relações.

Em tempos de sociedade do conhecimento, com suas características distintivas, vivemos em um cenário global onde a complexidade é algo que lhe é inerente, trazendo mudanças constantes e, por muitas vezes, incertezas no porvir. O líder precisa adotar uma visão sistêmica, a fim de dialogar com essa complexidade, com essa incerteza. E precisa fazê-lo para criar condições de reunir, contextualizar, sem, no entanto, abandonar a leitura do singular, do individual, do concreto. Silva (2009) destaca que o pensamento complexo permite um novo pensar, olhando a organização em sua dimensão do que ainda é inadaptativo, onde questionamentos, incertezas e dúvidas são algo perene.

Trazer o pensamento sistêmico para a liderança implica trazer uma perspectiva mais orgânica e sistêmica para os processos organizacionais, notadamente os de gestão. Pensar sistemicamente traz a oportunidade de os líderes perceberem que a aprendizagem repercute no comportamento, mas também o faz na formulação da estratégia, no campo operacional, na cultura e inclusive na própria liderança. Para ser finalmente considerado como organizacional, o conhecimento precisa ser comunicável, consensual e integrado ao fazer, pensar e sentir de todas as pessoas dentro da organização. Ao criar sistemas de aprendizagens peculiares, subsidiando os líderes com as informações essenciais para as mudanças necessárias, as organizações acabam por criar as condições para a sua efetiva aprendizagem. Silva (2009) complementa ainda que as organizações se servem de sistemas cognitivos e memórias institucionalizadas que fazem parte de sua cultura, de modo a manter com relativa estabilidade alguns comportamentos, mapas mentais, normas e valores no decorrer do tempo, mesmo quando ela renova um percentual de seu quadro de pessoal.

Huber (*apud* Silva, 2009) enumera alguns processos que contribuem para a aprendizagem organizacional: 1. Aquisição de conhecimento, por meio de sistemas de informação e atividades de Treinamento, Desenvolvimento e Educação (TDE), de modo a fomentar a aprendizagem; 2. Distribuição da informação, em atividades e instrumentais formais e informais; 3. Interpretação da informação, por meio de modelos mentais diversos e compartilhados; 4. Memória Organizacional, responsável pelo armazenamento dos conteúdos e considerado como "conhecimento incorporado". O líder, ao se configurar ativamente como ativista do conhecimento, fundamenta a sua atuação em processos de aprendizagem, primando pela participação, comunicação e sistematização dos processos organizacionais. Ao possibilitar a construção de uma visão compartilhada acerca do caráter sistêmico da organização, a comunicação entre os diversos pontos da rede é otimizada e, por consequência, as relações interpessoais, criando-se um contexto capacitante para a criatividade e inovação.

No nível individual, Tamkin e Barber (*apud* Silva, 2009) identificam algumas categorias de aprendizagem necessárias aos líderes, tais como: 1. Conhecimento técnico: conhecimentos e habilidades relacionados diretamente ao fazer técnico; 2. Habilidades Gerenciais, voltadas à compreensão da realidade das pessoas e da influência no trabalho na vida das mesmas, bem como ao trabalho com pessoas de várias áreas da organização e ao *feedback* eficaz; 3. Compreensão global da organização, traduzida em uma visão integrada e sistêmica dos negócios, da cultura e do trabalho; 4. Compreensão do impacto nos outros, buscando um estilo mais participativo; e 5. Compreensão de si, englobando a mente, coração e vontade abertos, conforme os termos utilizados por Scharmer (2014).

A aprendizagem organizacional está diretamente relacionada ao ato de aprender significados, conforme preconiza Silva (2009), sendo inexoravelmente ligada ao resultado da ação de todas as pessoas componentes do sistema. Por isso, faz-se mister a criação de um ambiente onde as relações sociais entre os integrantes sejam pautadas por uma participação ativa e legítima, de modo a promover ações passíveis de transformar a realidade organizacional. O mesmo autor destaca ainda que o conhecimento criado/combinado/compartilhado deve ser validado organizacionalmente por meio da socialização e da legitimação.

Tendo o líder assumido o papel de ativista do conhecimento, a sua própria função tende a ser potencializada, uma vez que ele passa a funcionar como um catalisador na aquisição de competências individuais, coletivas e organizacionais. Tal feito possibilitará aos liderados, equipes e à própria organização darem respostas mais consonantes com as necessidades cada vez mais mutáveis deste mundo global e contingente, funcionando efetivamente como um diferencial de competitividade e eficácia organizacional.

Referências Bibliográficas:

CASTELLS, M. **A Sociedade em Rede**. São Paulo: Paz e Terra, 2006.

DZIEKANIAK, G.; ROVER, A. **Sociedade do Conhecimento**: características, demandas e requisitos. Revista da Informação, Florianópolis, v. 12, n. 5, p. 1-9, 2011. Disponível em: <http://www.egov.ufsc.br/portal/conteudo/artigo-sociedade-doconhecimento-caracter%C3%ADsticas-demandas-e-requisitos> Acesso em: jan. 2018.

SCHARMER, C. **Teoria U**. Rio de Janeiro: Elsevier, 2010.

_____. **Liderar a Partir do Futuro que Emerge**. Rio de Janeiro: Elsevier, 2014.

SENGE, P. **A Quinta Disciplina**. Rio de Janeiro: Best Seller, 2010.

SILVA, A. **Como os Gerentes Aprendem?** São Paulo: Saraiva, 2009.

TAKEUCHI, H.; NONAK, I. Gestão do Conhecimento. Porto Alegre: Artmed, 2008.

5

A REVOLUÇÃO DA MENTE PARA EDUCAÇÃO FINANCEIRA

Flávio Moreno

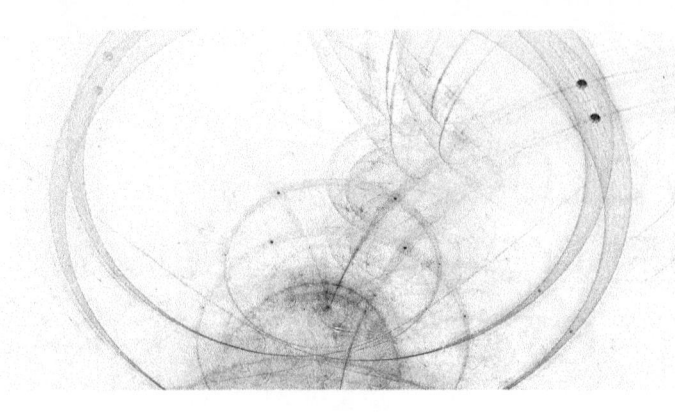

Flávio Moreno

Master em Coaching e Mentoring pelo Instituto Holos, Sistema ISOR®, formado em Administração de Empresas pela PUC-SP e MBA em Finanças pela FIA-USP; *coach* em finanças pessoais atendendo individualmente ou famílias, programa de Educação Financeira a distância (Check-up Financeiro). Mais de 30 anos de experiência no mercado financeiro (Banco Itaú), segurador (multinacionais MetLife e Prudential) e Finanças Pessoais (Life). Professor universitário nas cadeiras de Mercado Financeiro, Administração e Matemática Financeira.

Casado há 25 anos com Cláudia Beolchi, tem dois filhos, Gabriela e Vinícius. Realiza serviço voluntário com grupo de adolescentes católicos.

(11) 99157-8304

flaviomoreno@uol.com.br

Segundo o dicionário Aurélio, a palavra revolução significa reforma, transformação, mudança completa. Mente é a parte do ser humano que lhe permite a atividade reflexiva, cognitiva e afetiva. Sendo assim, a revolução da mente tem como resultado uma atividade reflexiva para uma mudança em nosso comportamento.

As duas premissas básicas do sistema ISOR® (conjunto instrumental e metodológico do Instituto Holos) são: felicidade como impulso básico e cada um faz seu melhor.

A felicidade como impulso básico significa que tudo que é feito é em busca da felicidade, mesmo as pessoas não tendo essa consciência. Existem dois tipos de felicidade: a construída na nossa mente (condicionada) e a livre (inata). A busca pela felicidade condicionada é incessante e insatisfatória, pois não tem limites: se eu tivesse um carro, se eu tivesse uma linda mulher, se eu fosse rico... Já a felicidade livre é a felicidade da vida, da aceitação, do viver o agora. As pessoas sempre tentam fazer o melhor que podem, porém, pode ser que o melhor para aquela pessoa não seja o melhor para você, então é preciso compreender e aceitar as pessoas como elas são, com suas limitações. Se elas não conseguem fazer mais é porque de alguma forma não têm a capacidade de acionar e ativar o seu potencial.

Unindo os conceitos da revolução da mente com as premissas básicas do sistema ISOR®, temos como resultante a busca da felicidade inata ativando seu potencial para uma mudança em seu comportamento. Comportamento esse em relação à educação financeira.

Educação financeira, tema hoje tão relevante, é tão relegado a segundo plano. Infelizmente, a maioria dos brasileiros não teve e não tem "educação" em relação ao seu dinheiro do dia a dia e muito menos com relação ao seu futuro e de sua família.

No Brasil, esse tema ainda está longe de ser introduzido nas escolas de forma completa e a política econômica atual favorece o crédito (independentemente de como ele será pago) e o consumo imediato, as pessoas ficam à mercê da sorte para conseguir chegar ao final do mês sem ter feito alguma dívida. A maioria das pessoas tem noção de quanto ganha, porém, não se preocupa em saber onde gasta. As facilidades do cartão de crédito e das compras parceladas ajudam a embaralhar ainda mais a situação.

Uma grande dificuldade é que assim como a dieta (educação alimentar) a educação financeira não é tão fácil de ser praticada, pois, da mesma forma que a cada refeição comemos um "pouquinho errado", ao longo dos anos este "pouquinho" se acumula e o resultado é o sobrepeso. Com o dinheiro o princípio é o mesmo, a cada dia acabamos gastando um pouquinho em diversas situações que ao longo do tempo acabam acumulando-se e impedindo que se alcancem os objetivos maiores no futuro.

Você não precisa ser um nutricionista para poder emagrecer e também não precisa ser um consultor financeiro para conseguir fazer bom uso do seu dinheiro. O que todos nós precisamos é de conhecimento, planejamento e atitude para realizar nossos objetivos. Conhecimento e planejamento podemos conseguir através de outros, porém atitude depende única e exclusivamente de você e sem dúvida é o mais importante dos três; sem atitude não é possível realizar o que vai ser proposto.

O planejamento financeiro é válido para se preparar perante as situações previstas (despesas do dia a dia, sonhos, aposentadoria) e se prevenir das situações imprevistas (fatalidades, perda de emprego etc.).

O ideal seria consumir hoje o máximo, com a consciência de guardar o suficiente para o futuro. Porém, sem o apoio de um bom planejamento financeiro é quase impossível conseguir sucesso nessa tarefa.

Segundo Halfeld, "poupar é adiar o consumo presente visando a um consumo maior no futuro". As pessoas poupam para consumir mais no futuro e para enfrentar o declínio que a natureza impõe à capacidade produtiva do homem após certa idade. Esses propósitos garantem uma compensação para o sacrifício de não consumir hoje, de gastar menos do que a renda permite e de acumular reservas a serem utilizadas no futuro. Na educação financeira existem alguns conceitos relevantes como Tempo X Dinheiro.

Conforme Giannetti, "a aproximação entre tempo e dinheiro não é fortuita. Ambos têm de fato muita coisa em comum, a começar por algumas propriedades formais. A noção de tempo, assim como a de dinheiro, é uma das abstrações mais poderosas e sofisticadas construídas pela razão humana". Ambos são valores que se prestam à noção de uma escolha, e essa escolha sempre terá um custo implícito.

Para o tempo: ou você vai dormir ou ler um livro. Para o dinheiro: ou você compra um carro ou faz um curso de MBA. Porém o tempo, ao contrário do dinheiro, não é transferível, ele tem a existência daquele que o detém. O tempo é o maior aliado entre os recursos que o poupador tem a seu lado, contudo, na maior parte das vezes ele não é utilizado corretamente e, uma vez perdido, não se recupera nunca mais.

Então, quanto mais cedo se inicia o planejamento financeiro, mais fácil fica a obtenção de bons resultados. A notícia ruim é que o inverso é verdadeiro, quanto mais tarde deixar para tomar a atitude, maior será a dificuldade.

Se pararmos para pensar, o nosso corpo é a ferramenta para conquistar a renda ativa, porém ele não é eterno, sabemos que tem uma vida útil e ao longo dos anos vai-se depreciando até chegar o momento em que não consegue mais produzir, independentemente da vontade de seu dono.

Sendo assim, um bom planejamento dará tranquilidade para a hora em que a nossa ferramenta (corpo) não conseguir mais produzir. Existem milhares de livros e consultores com diversas técnicas e modelos para um bom planejamento financeiro. No meu ponto de vista não existe um melhor do que o outro e sim aquele a que melhor a pessoa se adapta e consegue colocar em prática.

O modelo em que mais acredito, a meu ver mais didático e que consigo comprovar através dos bons resultados alcançados pelos meus clientes, é dividido por etapas, uma construída após outra, até completar o processo. E o mais importante não é só chegar lá e sim manter firme a continuidade do planejamento.

As etapas:

1 – Renda ativa

2 – Dívidas

3 – Proteção

4 – Reserva de emergência

5 – Investimentos

Etapa I - RENDA ATIVA

Não cabe neste momento discutir as opções de renda que cada um consegue em sua vida. Em um país de milhões de desempregados a primeira dificuldade do planejamento financeiro é justamente essa, a geração de recursos. Presumo então que neste momento a pessoa em questão possui uma renda ativa, caso contrário é necessário arranjar uma primeiro.

É difícil alguém tomar uma atitude quando não consegue enxergar o que está acontecendo. A necessidade de entender o problema é primordial para a tomada de decisão. A única forma de enxergar sua relação com o dinheiro é anotando todas as receitas e despesas, ao menos por um período de tempo inicial. Essa, sem dúvida, é a primeira grande mudança de atitude. Felizmente hoje existem muitos aplicativos para esse auxílio.

Anotar tudo para fazer um planejamento correto não é uma atividade prazerosa para a maioria das pessoas, portanto, se for proposta uma forma complicada, a tendência é não o fazer. Nesse caso a simplicidade facilita o controle. Outro ponto importante é que todos os envolvidos (casal, filhos) devem participar, pois estão usufruindo no dia a dia e de alguma forma serão afetados pelo processo.

O controle do orçamento deve ser revisto periodicamente, pois é um processo de retroalimentação, é feito o primeiro levantamento e um tempo depois se deve comparar os valores projetados com os realizados. Se houver discrepâncias significativas, o levantamento deverá ser refeito e o orçamento revisto, pois dependendo do tempo a inflação deverá ser considerada.

O modelo de controle deve relacionar todas as entradas e saídas e o resultado final igual a zero. Todos os valores devem ser encaixados em algum item. As categorias devem ter os itens de acordo com a importância no seu dia a dia (na *internet* existem vários exemplos). Tudo que não for discriminado acaba sendo computado para a conta de diversos, ou seja, "não conhecido". Quanto mais próximo da realidade e da soma zero (entradas − saídas = zero) mais satisfatório é o resultado.

Nem sempre é fácil mensurar as entradas e saídas de forma clara. Muitas despesas são anuais e acontecem em datas específicas, não necessariamente a cada mês. Sendo assim, para considerá-las no orçamento mensal, todas as despesas anuais devem ser divididas por 12 para serem registradas por mês.

Devido a esse fato, algumas despesas acabam tornando-se invisíveis no orçamento e talvez o maior exemplo seja o automóvel. Ele é um símbolo de *status*, muitas vezes as pessoas são avaliadas e julgadas pelo modelo de carro que dirigem, mostrando que seu proprietário possui os meios financeiros para adquiri-lo e mantê-lo.

Porém com a estabilidade da moeda o carro deve ser considerado como um bem de consumo e não como um investimento. Ele não retorna o investimento, exceção a algumas situações específicas no momento da revenda ou se ele é a ferramenta de trabalho (táxi, por exemplo). Fora isso, ele carrega, sim, uma infinidade de custos que muitas vezes passam despercebidos pelo seu proprietário. A seguir, o custo aproximado mensal/anual de um automóvel no valor de R$ 30.000,00:

Variável	Percentual	Mês	Ano
Licenciamento/DPVAT	0,5%	R$ 12,50	R$ 150,00
IPVA	5%	R$ 125,00	R$ 1.500,00
Seguro	4%	R$ 100,00	R$ 1.200,00
Depreciação Prevista	20%	R$ 500,00	R$ 6.000,00
Manutenção	2%	R$ 50,00	R$ 600,00
Multas/Eventualidades	2 / ano	R$ 15,00	R$ 180,00
Combustível	200 l/mês	R$ 500,00	R$ 6.000,00
Lavagem	1/ mês	R$ 60,00	R$ 720,00
Estacionamento	Diária / Eventual	R$ 100,00	R$ 1.200,00
Custo de oportunidade (*)	6%	R$ 150,00	R$ 1.800,00
	TOTAL	**R$ 1.612,50**	**R$ 19.350,00**

(*) Custo de oportunidade é o quanto se deixou de ganhar no investimento que não foi escolhido para poder comprar o carro. (Por exemplo, aplicar na poupança ao invés de comprar o carro).

Um bom planejamento deve sempre levar em conta a educação. Nosso país infelizmente não dispõe de um bom ensino público, apesar dos exorbitantes impostos que nos sãos cobrados. Sendo assim, o custo da formação de um filho é um importante item do orçamento.

A tabela abaixo representa apenas o custo da mensalidade de uma escola em um bairro de classe média na cidade de São Paulo. Não estão incluídas as despesas com material, alimentação, transporte, uniforme, cursos extras, passeios, e as famosas viagens de formatura de cada ciclo. Também não estão computadas as despesas com o maternal ou babá, no caso de a criança não ter com quem ficar até completar os três anos de idade para entrar na educação infantil.

Idade	Curso	Anos	Anuidade	Total
3 - 5	Educação Infantil	3	R$ 19.960,00	R$ 59.880,00
6 - 10	Fundamental I	5	R$ 24.400,00	R$ 122.000,00
11 - 14	Fundamental II	4	R$ 27.180,00	R$ 108.720,00
15 - 17	Ensino Médio	3	R$ 31.550,00	R$ 94.650,00
18 - 22	Faculdade	5	R$ 33.950,00	R$ 169.750,00
			Total	R$ 555.000,00

Então fica claro que nessa etapa o principal é entender a situação atual. O momento em que está e o que já conseguiu realizar até hoje. Quanto tem de recursos disponíveis e/ou total das dívidas. O mais importante não é quanto se ganha e sim como se gastam os recursos disponíveis.

Etapa 2 – DÍVIDAS

As facilidades do crédito podem levar as pessoas a gastar mais do que deveriam e os juros altos que vigoram no País podem destruir qualquer orçamento. Por outro lado, o crédito é uma importante ferramenta para o desenvolvimento de uma família ou indivíduo.

O contar ou não com a possibilidade de tomar um empréstimo depende: do objetivo da dívida (*boa = educação, geração de patrimônio, ou ruim = consumo*), se é barata ou cara e, por fim, se é muito ou pouco arriscada.

Se você hoje tem a sorte de não ter dívidas, ou melhor, tem apenas dívidas boas, aquelas com educação que na teoria farão você conseguir uma renda ativa melhor no futuro, pode pular esta etapa. Caso contrário, o levantamento e entendimento de todas as dívidas deverá ser minucioso, relacionando o motivo, a modalidade, o valor inicial, o prazo de pagamento, a taxa de juros cobrada e o valor atual para pagamento.

Só assim será possível visualizar o total das dívidas e partir para a solução do problema que, de uma maneira simples e direta, seria consolidá-las e negociar um novo empréstimo no valor total com uma taxa de juros inferior às atuais.

Etapa 3 – PROTEÇÃO: SEGURO DE VIDA

Antes de procurar garantir a preservação do futuro, não podemos negligenciar uma escolha mais relevante que deve ser feita: a necessidade de garantir a preservação da nossa condição presente. Se o padrão de vida da família depende de uma renda que por motivos diversos pode vir a faltar, então se entende que esse padrão é ilusório.

Na sua falta (morte), você é quem menos tem a perder, porém no caso de uma invalidez é você quem vai sofrer as consequências. Imagine não poder trabalhar (renda ativa) e ainda aparecerem os gastos relativos a essa fatalidade. Mensurar esse risco é quase impossível, então o mais simples é fazer o cálculo do valor da sua proteção:

O cálculo leva em conta a idade atual, a idade prevista para parar de trabalhar, o tempo da renda mensal e as despesas (prioritárias). Veja o exemplo abaixo:

Idade atual = 50 anos

Idade prevista para parar de trabalhar = 60 anos

Tempo de renda ativa = (60 – 50) x 12 = 120

Despesa familiar mensal (prioritária) = R$ 10.000,00

Proteção = 120 x R$ 10.000,00 = R$ 1.200.000,00

Invalidez = R$ 1.200.000,00 + R$ 600.000,00 (50%) = R$ 1.800.000,00

Pronto, você chegou ao valor aproximado de sua proteção. Caso aconteça alguma coisa com você será necessário que sua família receba um seguro no valor de R$ 1.200.000,00, ou, no caso de invalidez, o seguro cobrirá o valor de R$ 1.800.000,00 para você. Agora é só procurar um seguro que cubra esses valores, sempre lembrando que seguro não é investimento e, portanto, os seguros temporários tendem a ter um melhor custo-benefício em relação aos seguros resgatáveis (que formam reserva).

Etapa 4 – RESERVA DE EMERGÊNCIA – IMPREVISTOS

É necessária a criação de uma reserva que caiba no orçamento, com liquidez imediata, para cobrir qualquer imprevisto que apareça no decorrer da vida. Essa reserva deve ser calculada entre três a seis vezes as despesas mensais. A partir do momento em que ela é utilizada os esforços devem se concentrar para que ela seja reposta no menor tempo possível.

Não pode ser considerada investimento, pois a finalidade é simplesmente cobrir algum imprevisto e não ter que, de uma hora para outra, pegar recursos de terceiros de uma forma imediata e sujeita a juros exorbitantes.

Etapa 5 – INVESTIMENTOS: PARA OS SONHOS E INDEPENDÊNCIA FINANCEIRA

Segundo Gustavo Cerbasi, deve-se seguir um plano que tenha sentido, é necessário ser realista, o objetivo não é passar a vida poupando para ter dinheiro e sim para garantir o futuro. O ideal é conseguir separar cada investimento para um objetivo específico e não mudar a estratégia a todo momento. Reavaliar a estratégia a cada ano seria o mais indicado. Sendo assim, primeiro é necessário listar todos os objetivos por importância e necessidade e ter os recursos necessários e a disciplina para executar o plano.

Vou dar como exemplo o planejamento para se ter recursos suficientes e poder manter o padrão ao parar de trabalhar.

Defina a futura renda desejada; leve em conta que não terá mais os gastos com os filhos (se tiveram uma boa educação financeira) e uma maior preocupação com os gastos relacionados a saúde: plano de saúde e medicação. Outro ponto é que essa renda deve ser baseada em seu padrão atual, se você nunca teve essa renda, trabalhando, é impossível aumentá-la quando parar de trabalhar. Essa renda deve ser calculada para suprir as necessidades básicas e mais algumas atividades extras, como passeios e viagens. Lembre-se de que com a evolução da ciência estamos vivendo cada vez mais e a média de vida do brasileiro vem crescendo a cada ano.

Valor da parcela da renda desejada = R$ _____.

Vamos agora definir uma taxa de juros real, que nada mais é do que a taxa líquida da inflação, para podermos calcular o valor total da reserva que deve ser construída.

Agora é só dividir a taxa de juros real pelo valor da parcela da renda desejada. Supondo que o valor da parcela da renda desejada é de R$ 10.000 e a taxa de juros é de 0,5%, ao dividirmos um pelo outro encontramos o valor de R$ 2.000.000.

Então esses R$ 2.000.000,00 seriam o montante necessário para que, investido em alguma aplicação a uma taxa de juros de 0,5% ao mês, rendesse exatamente o valor da parcela desejada = R$ 10.000,00/mês. Como estamos utilizando o conceito de taxa real, essa reserva seria vitalícia, ou seja, você utilizaria apenas o rendimento, preservando o montante inicial.

Agora só nos resta calcular o prazo necessário para formar essa reserva. A conta é simplesmente fazer a diferença da idade com que você quer parar de trabalhar com sua idade atual, ou seja, se você quer parar de trabalhar aos 65 anos e tem hoje 35, você tem 30 anos para construir sua reserva.

Com a ajuda de uma calculadora financeira conseguimos então descobrir qual o valor da parcela que devemos guardar por mês, por 30 anos (30 x 12 = 360 meses), a uma taxa de 0,5% ao mês (vamos usar a mesma taxa real) para construir um montante de R$ 2.000.000,00. O resultado dessa conta é que o valor da parcela mensal que deveria ser investida mês a mês seria de aproximadamente R$ 1.990,00.

Algumas conclusões desse exemplo: quanto mais cedo começar, maior é o tempo para montar a reserva e menor será o valor da parcela. Se o prazo para constituir a reserva for de 25 anos, ao invés de 30, o valor da parcela sobe para perto de R$ 2.880,00/mês. Se levarmos em conta que o valor da renda futura for próximo da renda atual (R$ 10.000) deduzimos que hoje seria necessário, apenas para o investimento da aposentadoria, guardar 20% da renda ativa para construir essa reserva.

Espero que esse modelo de planejamento financeiro tenha no mínimo despertado interesse para que você busque mais conhecimentos nessa área, sozinho ou com a ajuda de um profissional.

O interesse faz com que você alcance sua felicidade, mudando o seu comportamento em relação ao dinheiro. O conhecimento, o planejamento e a atitude são ações que colaboram de forma direta para esse projeto, lembrando que principalmente a atitude de iniciar o mais rápido possível é muito importante.

Como escreve o renomado professor Eduardo Giannetti em seu belíssimo livro "O Valor do Amanhã", "pôr mais vida em nossos anos ou mais anos em nossas vida?" São nossas escolhas que conferem o sentido da nossa existência.

A escolha é sua!

Referências bibliográficas

HALFELD, M. **Investimentos**: Como administrar melhor seu dinheiro. São Paulo: Editora Fundamento Nacional, 2001.

CERBASI, G. **Investimentos Inteligentes**. Rio de Janeiro: Thomas Nelson Brasil, 2008.

GIANNETTI, E. **O valor do amanhã**. São Paulo: Companhia das Letras, 2005.

MOSCA, A. **Finanças Comportamentais**. Rio de Janeiro: Elsevier, 2009.

FRANKENBERG, L. **Guia prático para cuidar do seu orçamento**. Rio de Janeiro: Campus, 2002.

6

SALTO QUÂNTICO – O DESPERTAR PARA O NOVO

Imaculada Bombicino

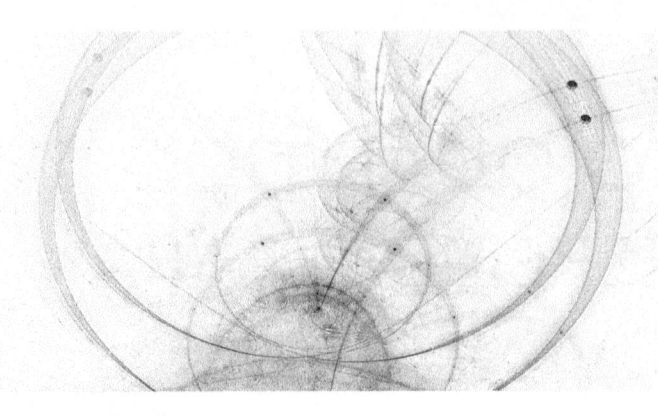

Imaculada Bombicino

Ler e escrever sempre foram as suas paixões. É jornalista graduada pela Pontifícia Universidade Católica de Campinas e possui pós-graduação em Psicoterapia Analítica de Grupo. Conhecer o Coaching foi o grande diferencial em sua vida. Possui certificação internacional em Coaching, Mentoring e Holomentoring - Sistema ISOR, pelo Instituto HOLOS, que busca uma visão integral do ser humano. Coautora do livro "Liderança e Espiritualidade", publicado pela Editora Leader. Idealizadora e facilitadora do "Espaço Conversa Terapêutica", no qual utiliza técnicas de Coaching e da Atenção Plena, visando oferecer ferramentas aos clientes para a promoção do Salto Quântico. É especialista em Terapia Transpessoal pela Escuela Española de Desarrollo Transpersonal. Practitioner em PNL pela Actius Consultoria. Facilitadora de treinamentos e *workshops* em Mindfulness e Visualização Criativa.

(19) 98238-1023

www.conversaterapeutica.com.br

"O Louco" – Gibran Khalil Gibran

"Perguntais-me como me tornei louco. Aconteceu assim:

Um dia, muito tempo antes de muitos deuses terem nascido, despertei de um sono profundo e notei que todas as minhas máscaras tinham sido roubadas – as sete máscaras que eu havia confeccionado e usado em sete vidas – e corri sem máscara pelas ruas cheias de gente gritando: 'Ladrões, ladrões, malditos ladrões!' Homens e mulheres riram de mim e alguns correram para casa, com medo de mim.

E, quando cheguei à praça do mercado, um garoto trepado no telhado de uma casa gritou: 'É um louco!' Olhei para cima, para vê-lo. O sol beijou pela primeira vez minha face nua.

Pela primeira vez, o sol beijava minha face nua, e minha alma inflamou-se de amor pelo sol, e não desejei mais minhas máscaras. E, como num transe, gritei: 'Benditos, benditos os ladrões que roubaram minhas máscaras!' Assim me tornei louco.

E encontrei tanto liberdade como segurança em minha loucura: a liberdade da solidão e a segurança de não ser compreendido, pois aquele que nos compreende escraviza alguma coisa em nós".

Quantas vezes em nossas vidas nos defrontamos com a loucura?

Será que nesses momentos estamos realmente nos defrontando com a loucura, ou apenas agindo condicionados pelo que a nossa identidade, o nosso ego, as nossas crenças e hábitos chamam de loucura?

As nossas escolhas são de fato nossas escolhas, ou seriam elas motivadas pelo que aprendemos, vimos e ouvimos?

A cada dia, mais e mais pessoas deixam de se satisfazer com o cotidiano, querem agir e viver de modo diferente. Estão abertas ao novo, querem conhecer-se, desenvolver-se e procurar novas alternativas para uma vida mais equilibrada e feliz.

São pessoas que querem ser elas mesmas, descobrir o que as limita e ter um novo olhar sobre isso. E apesar de, muitas vezes, serem taxadas de loucas, trazem dentro de si a espontaneidade, a chama da felicidade e da alegria de viver.

E qual seria o segredo daqueles que estão sempre dispostos a mudar, que sabem escutar a voz do coração e que não paralisam diante do medo do desconhecido?

São pessoas que ousam dar o que se convencionou chamar de Salto Quântico.

LINHA DO TEMPO

"Tudo aquilo que o homem ignora, não existe para ele. Por isso o universo de cada um se resume no tamanho de seu saber." Albert Einstein

Vamos voltar um pouco no tempo, mais precisamente ao ano de 1913, quando um físico dinamarquês, Niels Bohr, admitiu que o elétron quando salta de uma órbita para outra não pode ser encontrado entre as órbitas no momento do salto. Isso significa que ele estaria, possivelmente, em uma outra dimensão invisível aos nossos olhos, ou seja, o elétron desaparece de uma órbita e reaparece em outra, de forma instantânea e sem passar por qualquer outro lugar. Para mudar de órbita o elétron precisa ganhar ou perder um valor fixo de energia e a isso se denominou Salto Quântico.

Bohr também defendeu a necessidade de termos uma nova visão sobre a natureza e, segundo ele, através da busca de explicações complementares. O princípio da complementaridade foi apresentado em um congresso em Como, na Itália, em 1927. Bohr, ao desenvolver esse princípio, teria sido influenciado pela publicação de William James, denominada "Princípios da psicologia". Nesse livro, James relata experiências psicológicas mostrando que quando uma pessoa apresenta um determinado comportamento outro comportamento oposto fica adormecido no indivíduo, ou seja, um princípio similar ao da complementaridade de Bohr.

Atualmente são inúmeras as teorias da Física Quântica sobre universos paralelos. Uma delas, chamada "Interpretação dos Muitos Mundos", foi proposta por Hugh Everett, em 1957. Afirma que uma onda nunca entra em colapso, ou seja, uma partícula pode estar localizada em todos os lugares, criando inúmeras bifurcações quânticas e, consequentemente, dando origem a universos paralelos. Traduzindo isso para o nosso mundo, significa que existem milhões de versões de cada de um nós e a cada momento que tomamos uma decisão tem algum outro de nós que tomou uma decisão oposta e está vivendo em um outro universo paralelo.

Independentemente dessa teoria, será que não poderíamos afirmar com certeza que nós temos nosso próprio universo?

O nosso universo particular é formado pelos nossos pensamentos, relacionamentos, desejos, vitórias, derrotas... E isso sem contar as inúmeras *personas* que atuam através de nós, os papéis que desempenhamos, afinal somos mestres e alunos, pais e filhos...

E é sobre esse universo particular que podemos atuar, criar, escrever uma nova história contando quem realmente somos.

Para isso é preciso apenas confiar que temos a capacidade de vivenciar uma vida que nunca foi vivida antes e que as possibilidades são infinitas. Para que isso aconteça as coisas antigas precisam ir, é necessário praticar o desapego. É preciso arriscar, deixar a zona de conforto, ter coragem de olhar a vida sob um novo ângulo.

Quando você se permitir ousar fazer isso, perceberá o que é o Salto Quântico.

Como poderíamos nos beneficiar de um Salto Quântico?

Inicialmente percebendo a necessidade de uma mudança. Essa mudança pode acontecer porque algo não está bem, ou simplesmente porque estamos querendo novos desafios. Afinal, uma mudança sempre pressupõe movimento, gasto de energia, enfim sair da tão falada "zona de conforto". E, se envolve gasto de energia, estamos falando de um Salto Quântico. Um elétron ao mudar de uma órbita para outra gera fóton, que produz luz e talvez seja esse o motivo de as pessoas, ao atingirem um objetivo, terem um novo brilho no olhar.

Albert Einstein disse: "Insanidade é continuar fazendo sempre a mesma coisa e esperar resultados diferentes". Se quisermos uma mudança precisamos fazer algo diverso do que costumamos fazer. Tudo muda a todo o instante e quando temos a consciência de que isso é um fato, percebemos que também fazemos parte dessa mudança. Ao obter essa percepção, a nossa consciência se expande e passamos a ter um novo olhar sobre determinada situação.

É importante questionar se queremos de fato promover um Salto Quântico em nossas vidas. Será que estamos abertos para desenvolver um olhar crítico e permitir que a nossa mente se abra para experiências mais amplas, alterando o nosso modo de pensar, sentir e agir?

Essa pergunta é fundamental, uma vez que carregamos inúmeras crenças, em sua maioria limitantes. Quantas vezes já pensou em fazer algo, porém uma voz lá no fundo disse: "Não vai dar certo" ou "você não é capaz"; ou mesmo escutou alguém falar: "Se fosse possível, alguém já teria feito". Esses são apenas exemplos de uma infinidade de afirmações que ouvimos desde quando nascemos e acabamos por acreditar serem verdadeiras.

Identificar esses pensamentos ou crenças limitantes é um elemento fundamental para se promover qualquer mudança. Observe mais além e perceba quanto essas crenças limitantes foram obstáculos para fazer ou ser algo que desejava. Mas saiba que o simples fato de identificar esses pensamentos promove a sua passagem para o consciente, permitindo que sejam substituídos. Em um processo de Coaching essas crenças são transformadas, permitindo a mudança desejada.

PASSO A PASSO

Esses são os cinco passos para promover um Salto Quântico:

1º – Inicialmente é necessário parar e se olhar, saber quem você é de verdade. O que você deseja no mais profundo do seu ser? Qual é a sua essência? Qual é a sua missão de vida? Pare e reflita. Essas respostas então dentro de você.

2º – Após encontrar essas respostas é importante que você as acolha. Esse acolhimento surge quando liberamos perdão, paramos de nos julgar ou nos condenar por algo. Uma das maneiras de se conseguir isso é saber que todas as situações em nossas vidas sempre acontecem para nos ensinar algo e pode ser que no momento não consigamos visualizar esse ensinamento, mas ele está lá, pronto para ser reconhecido.

3º – Observe as situações que lhe fortalecem, valorize suas forças, suas capacidades, dons e talentos. A palavra "dom" vem do latim "*donu*" e quer dizer presente, dádiva. Já o talento é algo que pode ser desenvolvido pela prática, persistência, treino. Quais são os seus pontos positivos? Suas capacidades?

4º – Comece a fazer escolhas. Elas são fundamentais para promover o Salto Quântico. Observe quais escolhas geram tranquilidade e quais angustiam. É dessa maneira que você descobre se está fazendo as escolhas certas para a sua vida.

5º – Finalmente, faça uma análise de como era o seu olhar e qual é o seu novo olhar diante de determinada situação.

Nelson Mandela disse: "Não há nada como regressar a um lugar que está igual para descobrir o quanto a gente mudou".

Um dos pontos que considero fundamentais para a promoção de um Salto Quântico é o desapego. Ao deixarmos ir o que não nos interessa mais, liberamos espaço para o novo. A visualização é uma ferramenta importante para permitir esse processo de uma forma mais rápida.

VISUALIZAÇÃO PARA O DESAPEGO

Para iniciar uma visualização é necessário que você se coloque em uma posição confortável, deitado ou sentado, em um ambiente silencioso e no qual não vá ser interrompido.

Você pode estimular todos os sentidos colocando uma música suave, um aroma, uma luz baixa.

Relaxar é fundamental para a produção de ondas alfa pelo cérebro.

Feche os olhos e foque em sua respiração. Ao inspirar e expirar concentre sua atenção em seu corpo e perceba se existe algum ponto no qual sente alguma tensão. Se existir, vá relaxando, imaginando que aquele ponto em estado de tensão está derretendo como se fosse uma pedra de gelo transformando-se em água.

Agora que está livre das tensões, imagine, sinta ou veja você mesmo caminhando por uma estrada. O sol bate em suas costas e ilumina o seu caminho. A paisagem é clara, você se sente extremamente confiante. Perceba como seus passos avançam e, apesar de não conhecer a estrada, é como se o espírito da aventura guiasse seus pés. Deixe-se levar pela profunda alegria que invade o seu ser. Ninguém está cobrando nada de você. Você pode andar como quiser, falar o que pensar, você é livre... E essa sensação de liberdade preenche todo o seu ser. Vivencie tudo o que a vida lhe permite.

Observe quem você é de fato. Não tenha receio, olhe para as coisas das quais você não gosta. Saiba que a sombra só existe na ausência da luz. Então, se iluminarmos um lugar sombrio, como em um passe de mágica, as sombras desaparecerão.

Agora visualize dentro de você a figura arquetípica do louco, com uma mochila nas costas. Peça permissão a ele e coloque em sua mochila tudo aquilo que você não quer mais em sua vida. Observe que é como se você tirasse um peso imenso de suas costas. Sinta a leveza de deixar ir aquilo que não lhe pertence. Simplesmente deixar ir... O louco dentro de você não fará perguntas, ele sairá saltitando levando tudo aquilo que você não quer mais e desaparecerá como o elétron que muda de órbita para reaparecer em um lugar distante de você.

Agora sinta que se libertou de todo o peso e foque na mudança que deseja para a sua vida. É preciso que veja com clareza o que você quer porque é isso que irá gerar a materialização. Identifique os recursos, os talentos, os dons, tudo o que você possui e que lhe dará suporte para essa transformação. Finalmente, visualize como se tudo já tivesse acontecido. Essa é a chave mágica para a sua realização.

Referências bibliográficas

BARNES, M.; BERKE, J. ***Two accounts of a journey through madness.*** Direitos para a língua portuguesa reservados à Livraria Francisco Alves Editora S.A., 1989.

DILTS, R.; HALLBOM, T.; SMITH, S. **Crenças – caminhos para a saúde e o bem-estar.** São Paulo: Summus, 1993.

DOWNEY, M. **Coaching eficaz.** **São Paulo**: Cengage Learning, 2010.

GUERRA, A.; REIS, J. C.; BRAGA, M. **Bohr e a interpretação quântica da natureza.** São Paulo: Editora Saraiva, 2005.

MUSSAK, E. **Caminhos da mudança.** São Paulo: Integrare Editora, 2008.

7

O QUANTO VOCÊ ACREDITA EM VOCÊ

Liciane Luza Anjos

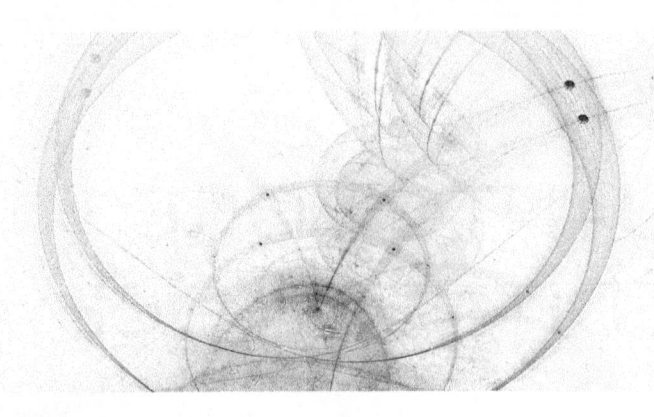

Liciane Luza Anjos

Bacharel em Ciências Contábeis pela UCS-RS. Gestora das empresas do grupo econômico Projeconsult, por 14 anos. Em março de 2017, foi autora do artigo "Mulheres Superversáteis e Bem-Sucedidas", publicado pela Editora Contato Vip. Formada em Mentoring e Coach pelo Instituto Holos Metodologia ISOR com certificação internacional pelo ICF (Federação Internacional de Coach). Atualmente é mentora e *coach* de Pessoas e Organizações, levando seu conhecimento de forma que potencialize resultados, despertando o potencial infinito das pessoas e empresas, construindo projetos de melhoria contínua e criando parcerias em busca de soluções.

(54) 99699-4849

licianjos.coachingadvice@gmail.com

https://www.facebook.com/licianjos

Eu te desafio a fazer uma autoavaliação, verificando seu conceito e seu propósito de vida.

O que você faz hoje está te direcionando para onde você quer chegar?

Você acredita na sua capacidade de vencer, de se tornar aquela pessoa que realmente você quer ser?

Quando você busca algo para sua vida, precisa de aprovação de outras pessoas para ir em busca da sua realização?

Você já parou e se perguntou quais as coisas mais significantes na sua vida?

Todo ser humano detém uma inteligência enorme e um poder ilimitado de autorrealização. Quem persiste nos seus sonhos consegue realizá-los com grande mérito.

Desde o dia em que você nasceu, até hoje, quais são os três dias que você considera serem mais importantes na sua vida? E o que poderia ter sido melhor?

Se você pudesse voltar no tempo e escolher um dia para reviver, para qual dia você voltaria? E por que voltaria?

Quando você pensa nesses momentos de sua vida, o que você aprende com sua história?

O que te faz acordar todos os dias com alegria e energia positiva?

Como está sua relação com você mesmo, com sua família, com seus filhos e com as pessoas mais próximas no seu dia a dia?

Você tem clareza de suas limitações, do que o motiva e do que o desmotiva?

Se você quer transformar sua vida, você a transformará!

Quais suas metas para transformar sua vida? Liste dez metas e identifique três entre elas que são imediatas.

Tenha suas metas claras, o que você quer verdadeiramente e o que você precisa fazer para que isso aconteça. O que eu posso fazer agora?

Viva o melhor dia de sua vida ((hoje)), ((agora))!

FAÇA A PRÁTICA DA AUTODESCOBERTA

- Quais são os resultados gerados na sua vida hoje?
- Como você se sente com relação a você mesmo(a)?
- Que atividades são fáceis para você fazer?
- O que faz você perder o foco?

DESPERTE O SEU PODER INTERIOR

- O que faz você se sentir bem e o deixa alegre?
- Você é uma pessoa de ação ou de conceitos?
- O que o deixa triste, e/ou com raiva?
- Por que você tem insegurança ou dúvidas?
- O que falta para a realização dos seus objetivos?
- Qual é o maior desafio que você vive hoje?

Lembre-se:

- Em primeiro lugar, você precisa estar bem consigo mesmo(a).
- Transforme a vida de alguém, principalmente de quem você ama.
- Seja alguém de ação e não apenas de palavras.
- Tenha sempre um pouco mais de persistência.
- Tenha organização do tempo com as atividades que abraçou.
- Ao invés de falar o que deve ser feito, antes se pergunte como seria se tivesse feito diferente.

DESPERTE O SEU PODER PROFISSIONAL

- Quais são as coisas mais significativas no seu trabalho hoje?
- Quais são as tarefas que você desempenha que o fazem sentir-se realizado profissionalmente?
- Os desafios você tem encarado como uma oportunidade de evoluir?
- Você sabe como fazer para fidelizar seus clientes?

CRIE UM MODELO MENTAL

- Combinação dos atos, pensamentos e sentimentos que juntos produzem suas crenças.
- Reprograme suas crenças: toda a programação mental adquirida como aprendizado durante toda a vida é o que determina os comportamentos, as atitudes, os resultados, as suas conquistas e sua qualidade de vida. As crenças determinam como você enxerga o mundo, quando você muda suas crenças, você muda os seus comportamentos e com isso seus resultados.
- Tenha organização, persistência e gratidão.
- Escute sua consciência e não o seu ego.
- É possível criar metas e não desistir. O que faz você parar no meio do caminho?

Defina claramente suas metas e para cada uma delas liste suas ações necessárias:

1- Diga o que você realmente quer. Seja desafiador e realista. A meta tem de estar no seu controle. Defina o prazo de quando se realizará: metas de curto e longo prazo.

Diariamente seja grato, e lembre-se do seu propósito de vida e do que precisa fazer para chegar nele.

ELIMINE CRENÇAS LIMITANTES QUE O IMPEDEM DE SER QUEM VOCÊ QUER SER

Pensamentos negativos e complexos de inferioridade:
- Sem sofrimentos não há ganhos.

- Tenho que ser rico para ser feliz.
- Se eu não tiver o que mostrar aos outros eu nunca terei valor para a sociedade.
- Não sou capaz de fazer sozinho.
- Não mereço ter sucesso, por isso eu não sou reconhecido como eu gostaria.

Regras indispensáveis para o sucesso:
- Ter amor em tudo o que se faz.
- Ser = Viver.
- Fazer = Capacidade.
- Ter = Merecimento.
- Celebre a vida como ela é. AME-SE!

Analise suas limitações e as transforme no resultado que você quer alcançar.

Sobre a maneira que está vivendo hoje, você está vivendo em plenitude?

O quanto você acredita que é capaz? O quanto você acredita que pode?

Decida-se a se transformar, decida-se a querer e comece agora!

Mantenha o equilíbrio das suas emoções, conheça as suas emoções. Primeiramente sentimos e depois raciocinamos, possuímos dois hemisférios do cérebro que são emocionais e sete são racionais, e isso é o que nos faz sentirmo-nos vivos, ainda assim 5% das decisões são intelectuais e 95% emocionais. Desperte em você a lei da atenção focada: se eu quero algo, eu começo a planejar, começo a agir para conseguir e tenho a certeza de que conseguirei.

Ative a sua inteligência emocional, 95% da mente é inconsciente. Você está no controle. Conheça os seus sentimentos e aprenda a lidar com eles:

- Raiva = Bloqueio (acelera a mente).
- Tristeza = Perda (diminui a aceleração do cérebro).

- Medo = Paralisação (trava a mente por ser sensação de perigo).
- Alegria = Conquista.
- Afeto = Vínculo (compartilhar).

Tenha a consciência organizacional, a ciência de que tudo o que fazemos interfere no outro. Oriente aqueles a sua volta de que é necessário fazer aquilo que precisa ser feito. Seja exemplo para as pessoas. Seja um líder cujas ações confirmam suas palavras e suas palavras confirmam suas atitudes. Habitue-se a ter postura de prudência, saiba ouvir sem julgar. Estimule sua flexibilidade, tenha postura assertiva. Aprenda a pensar e a agir estrategicamente. Lembre-se de que o talento humano faz toda a diferença, pois somente pessoas engajadas desenvolvem resultados positivos.

Use suas crenças a seu favor.

Busque apoio na pessoa que mais te ama.

Tenha felicidade por ser quem é, e estar onde exatamente está agora.

Tenha em mente que tudo muda o tempo todo, e nunca estaremos preparados, mas devemos adaptarmo-nos às mudanças. Os obstáculos que surgem podem ser uma oportunidade de algo novo, um novo aprendizado.

Somos o que queremos ser. Só eu posso transformar o meu dia, porque eu preciso me permitir.

Você tem o poder de escolha, de decisões e agir em busca da realização dos seus sonhos.

Faça um diagnóstico composto - Ative sua inteligência emocional:

1- Saiba perceber suas emoções.

2- Aprenda a lidar e controlar suas emoções em momentos de adrenalina.

3- Perceba as emoções das outras pessoas.

4- Aprenda a lidar com as emoções projetadas pelos outros diretamente em você.

5- Tenha o hábito de desenvolver sua automotivação.

6- Tenha resiliência (consciência de suas dificuldades, atitude, persistência, tomada de decisão, gratidão).

Seja o melhor no que realmente importa em sua vida!

Lembre-se de que a vida é cheia de altos e baixos, mas nunca perca o sorriso e todos os dias se recorde que ele é uma nova possibilidade de fazer a diferença. Seja paciente, esse é o maior antídoto contra a raiva. Diante das adversidades, não reaja com irritação, use isso como um momento para desenvolver a paciência e ir adiante. É necessário praticar a paciência. Encarar tal problema como uma oportunidade de praticar a iluminação interior, o amor e a compaixão. As circunstâncias difíceis servem para nossa evolução espiritual. Assim como uma organização precisa de melhoria contínua, nós também precisamos de evolução diária.

A melhor maneira de evoluirmos é fazer o melhor o tempo todo. Seja a diferença positiva no mundo e na vida das pessoas. A tarefa mais importante é determinar quais as suas prioridades. Comece a fazê-las, faça e faça o seu melhor. O êxito do sucesso só acontece para aqueles que não têm medo de errar. Lembre-se: na vida todos somos pequenos aprendizes! Não tenha medo, arrisque-se e seja o melhor.

O que mais promove a saúde emocional é pensar como humanidade; colocar-se no lugar do outro. Quanto mais irrigamos a emoção do nosso próximo, mais nos encantamos pela vida. Palavras generosas são capazes de evitar grandes desastres emocionais. Treine sua mente a pensar na consequência de seus comportamentos e a nutrir o direito de pensar antes de reagir. Aprenda a construir e fortalecer relações saudáveis. Seja o autor de sua própria história. Ser feliz é capturar o que está dentro de si, é contemplar a todo instante o belo da vida, é saber gerenciar suas emoções. É observar o que é simples e identificar a sua grandiosidade. Aprenda a se encantar com a vida e dar risada de seus medos. Seja profissionalmente responsável, intelectualmente competente e emocionalmente bem humorado. Essas são as três regras de ouro para você alcançar a felicidade plena. Eleja o seu Eu como líder de si mesmo; aprenda a doar-se aos outros sem esperar o reconhecimento; aprenda a liberdade de caminhar visualizando sua mente e identificar seus pensamentos disciplinando sua mente a ser tranquila; tenha um caso de amor com sua qualidade de vida.

Você já identificou sua missão?

Missão = Viver, a missão é viver em ação. É fazer aquilo que nem sempre é confortável, sair da zona de conforto e gerar bons exemplos. Se não vive sua missão, você vive como um robô programado que executa somente o que lhe foi ordenado. Viver sua missão desperta sua energia para viver sua visão de vida. O segredo do sucesso é despertar sua energia interna. Energia positiva atrai pessoas.

Qual é a sua missão dentro do seu trabalho, na sua empresa? E na sua vida pessoal?

Tenha criatividade!

1- Veja as datas como um dia especial. Cada dia é dia de fazer algo diferente.

2- Todo dia é dia de ser feliz e ir em busca da realização dos seus sonhos, surpreender quem você ama e investir nos sonhos mais profundos dessa pessoa.

3- Tenha gratidão por tudo o que tem agora e por tudo o que terá.

4- Leve energia positiva por onde você for.

5- Não permita que energias externas contaminem sua mente. Todos os dias, diga para você mesmo: EU SOU, EU QUERO, EU POSSO E EU VOU CONSEGUIR!

CONSTRUA UMA VIDA SAUDÁVEL

Ser saudável é também preservar o prazer de viver, é saber que o ser humano não é perfeito; no entanto, um de seus compromissos não é evitar erros e sim não se punir quando eles acontecem. Todo erro é um aprendizado, ninguém erra querendo errar. Seja autoconsciente de que é nosso dever buscar a evolução contínua. Aprenda a aprender diariamente. Tenha humildade para valorizar as vitórias e seja generoso exaltando os derrotados. Construa resultados sustentáveis.

Seja inteligente, tenha a clareza de que toda escolha implica perdas. Ninguém alcança o essencial sem perder o trivial. Cada escolha que fazemos impacta e influencia três importantes áreas da nossa vida:

- **Pessoal:** satisfação e realização pessoal.
- **Interpessoal:** familiares, amigos e colegas de trabalho.
- **Resultados:** quanto estou perdendo e quanto estou ganhando por ter feito uma escolha.

Lembre-se sempre: quanto mais rápida for a sua capacidade de tomar decisões assertivas, melhor é a adaptação às escolhas e maior a sua satisfação no resultado final. Ame o prazer de viver e esteja sempre preparado para as dificuldades antes ainda que elas surjam. Treine sua mente para pensar em possibilidades. Busque a sabedoria mais do que a inteligência.

Você faz a diferença?

Mergulhe no seu eu interior, domine seus pensamentos, ilumine seu corpo com energia positiva. Seja luz, espalhe luz! Seja a diferença no mundo e na vida das pessoas. Faça um salto quântico na evolução da consciência. Seja a mudança que você procura. Seja único. Aprenda a observar e ver além das palavras que lhe são ditas.

> *"Não importa o quão pequeno ou sem importância o que estamos fazendo possa parecer. Se o fizermos bem, isso pode em breve transformar-se no passo que nos guiará para coisas melhores."* Channing Pollock

Pense de maneira clara o suficiente e seja um multiplicador de forças. Há uma força inacreditável na simplicidade. Simplificar as coisas faz com que você seja capaz de mover montanhas. Faça a diferença, independentemente do tipo de atividade que tenha abraçado. Não procure muitas coisas para fazer buscando destacar-se, apenas faça melhor aquilo que você já faz e será bem-sucedido.

Referências bibliográficas

CALLOWAY, J. **Seja o melhor no que realmente importa**. São Paulo, 2014.

TOLLE, E. **O poder do agora**. Rio de Janeiro, 2002.

POLITO, R. **Conquistar e influenciar para se dar bem com as pessoas**. São Paulo, 2013.

CURY, A. **O código da inteligência.** Rio de Janeiro, 2015.

CURY, A. **Gestão da Emoção**. São Paulo, 2017.

CORTELA, M. S. Coletânea. **Por que fazemos o que fazemos?** e **Viver em paz para morrer em paz**. São Paulo, 2017.

WUNDERLICH, M.; ROMA, A. **Liderança e Espiritualidade**. São Paulo, 2015.

8

O PODER DA MENTE POSITIVA NA LIDERANÇA

Luana Zamprogna

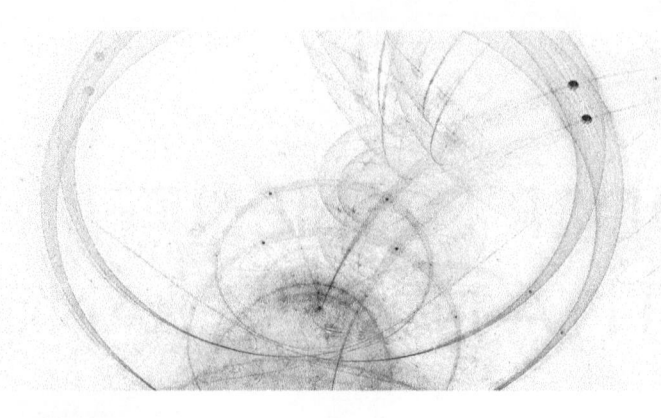

Luana Zamprogna

Com formação Master Practitioner em PNL (Programação Neurolinguística) e membro The Society of Neuro-Linguistic Programming, de Richard Bandler. Life, Líder e Business Coach com certificação internacional pelo ICF (International Coach Federation) e Mentoring e Coaching Humanizado ISOR, pelo Instituto Holos. Especialista em Gestão de Pessoas e graduada em Secretariado Executivo pela Universidade de Passo Fundo. É treinadora comportamental com foco organizacional.

contato@luanazamprogna.com.br
www.luanazamprogna.com.br
LinkedIn: luanazamprogna

Em um mundo onde há escassez de valores humanos e sociais, má índole na política, negatividade em massa transmitida em noticiários, novelas, músicas e jornais, manter-se focado em construir uma realidade positiva pessoal e profissionalmente tem-se tornado um desafio para a nossa mente consciente. Entretanto, quando se trata de liderar, é imprescindível ater-se ao poder de nossa mente para criar uma nova realidade, onde exista felicidade, motivação, engajamento e resultados extraordinários para a equipe e para o negócio.

A questão da liderança é, compreensivelmente, um dos pontos mais estudados e debatidos no mundo empresarial, por sua importância catalisadora em ambientes de cooperação humana por objetivos únicos. Nesse sentido, o líder tem extrema responsabilidade na condução do clima organizacional da empresa. A positividade na atuação do líder é que fará com que a empresa atinja maior engajamento dos colaboradores, com motivação, resultados e alta *performance* dos profissionais. Ou o oposto, com desmotivação e falta de interesse no trabalho.

Segundo Daniel Goleman (2010), demonstrações de descontentamento do líder são emocionalmente contagiosas. Nem todos os parceiros emocionais são iguais. Uma dinâmica poderosa que funciona no contágio emocional determina o cérebro de qual pessoa terá mais força para chamar o outro para sua órbita. Os neurônios-espelho são ferramentas de liderança: emoções fluem com força especial da pessoa mais socialmente dominante para a menos. Uma razão para isso é que pessoas em qualquer grupo, naturalmente, prestam mais atenção e dão mais significado ao que a pessoa mais poderosa do grupo diz e faz. Isso amplia a força de qualquer que seja a mensagem emocional que o líder esteja mandando, transformando suas emoções em contagiosas. Uma vez ouvi o líder de uma pequena organização dizer com bastante pesar: "Quando minha mente está cheia de raiva, as outras pessoas pegam isso como gripe".

Sabedores de que tudo o que pensamos, falamos e sentimos cria a nossa realidade, o líder deve ter a responsabilidade de assumir de maneira consciente como é criado o clima organizacional de sua empresa. Não é à toa que a premissa básica de todo negócio é que os colaboradores são a imagem e semelhança dos seus líderes e da direção. Por isso, é insano o líder que reclama de sua equipe, da cultura e do clima da empresa. Essa atitude é a própria contestação de sua capacidade de liderar.

É vasta a literatura sobre liderança com conceitos, entendimentos e definições diversos: "Liderança é a habilidade de influenciar pessoas para trabalharem entusiasticamente visando atingir os objetivos identificados como sendo para o bem comum". (HUNTER, 2004). Seguindo essa mesma lógica é imprescindível que o líder tenha uma comunicação clara com a sua equipe, evidenciando a cada membro para onde a empresa está indo, ou seja, qual é o planejamento estratégico a curto, médio e longo prazo; o que eles deverão fazer na empresa - suas principais atribuições e funções para atingir os objetivos estabelecidos; como eles se encaixam na execução dessas atividades; e o mais importante, porque isso pode ser bom para a equipe também e não apenas para a empresa, pois a única maneira de engajar e motivar uma equipe é mostrando qual é a contribuição de cada membro para o sucesso no processo. Nossos tempos requerem líderes que não são apenas inteligentes, mas também sábios. Líderes sábios desenvolvem estratégias que têm como alvo o bem maior, não apenas de uma organização ou indivíduo.

A forma de um líder atuar exerce influência nas pessoas. Ao delegar responsabilidades, ao verdadeiramente confiar na equipe para fazer o trabalho, o líder é capaz de influenciar positivamente a ponto de criar um ambiente de alta motivação e engajamento. Os funcionários precisam sentir-se parte da história da empresa e com a certeza de que estão trabalhando por uma causa superior – vendo a empresa como uma força do bem para a sociedade (missão), e não somente visando lucro para os acionistas.

Ao disseminar na equipe as falhas existentes nos processos internos e de comunicação, anarquias, burocracia interna, baixa produtividade, bem como os problemas de relacionamento interpessoal entre os membros, o clima organizacional apenas se tornará mais denso e desmotivado. Ao passo que o líder inspirador é aquele que procura disseminar a positividade, através de soluções criativas para os problemas, com autenticidade, confiança e mostrando através de seu comportamento que é apaixonado pelo seu trabalho. Dessa forma, podemos afirmar que o líder tem a função de inspirar. E ele não poderá tornar-se uma inspiração se as pessoas não sentirem a sua paixão pelo trabalho.

O PODER DA MENTE PARA UMA MUDANÇA POSITIVA

O líder que utiliza de maneira consciente a sua mente é capaz de criar na empresa o melhor ambiente e a equipe ideal para atingir os resultados esperados. O erro muito recorrente na liderança é não reconhecer o seu estado atual e principalmente falhar ao mentalizar o estado desejado para a sua equipe.

A maioria dos líderes tem sua atuação envolta em crenças limitantes e sabotadoras que os impedem de alcançar melhores resultados e os fazem repetir os mesmos erros. Alguns exemplos dessas crenças são: "É difícil trabalhar com pessoas!" "Não posso ser bom, pois as pessoas se aproveitarão de mim!" "Se eu for flexível, as pessoas me atropelarão!" "Os clientes são irritantes!" "Esta empresa é assim e jamais mudará!" Nesse sentido, a liderança resume-se a uma série de trocas sociais em que o líder pode dirigir as emoções da outra pessoa para um estado melhor ou pior. Em trocas de alta qualidade, os membros da equipe sentem a atenção e empatia do líder, apoio e positividade. Nas interações de baixa qualidade, ele se sente isolado e ameaçado.

O bom líder é aquele que motiva, conduz, ensina e aprende junto com a equipe. Uma liderança de qualidade conquista o respeito da equipe por meio de decisões tomadas com a participação de todos do grupo. Longe do que muitos pensam, o líder não tem que saber tudo, mas precisa saber fazer as perguntas certas para descobrir o que precisa. O líder deve reconhecer seus pontos fracos e saber melhorá-los, deve ser democrático, oferecer oportunidade aos colaboradores e não agir com arrogância diante da posição hierárquica que ocupa.

Há uma célebre frase com autor desconhecido que diz: "O mundo muda quando você muda". E, de fato, se um líder identificar que é necessário promover mudanças na empresa ou na equipe, a primeira pessoa que deverá ter ações para que isso ocorra deve ser ele mesmo. O verdadeiro líder é capaz de iniciar o processo de transformação acessando o seu inconsciente através de questionamentos poderosos, tais como: "Qual tipo de liderança estou exercendo? Qual a qualidade de minha relação com a equipe? Numa escala de 0 a 10, qual é a nota que eu posso me dar no quesito relacionamento com a equipe? Estou respeitando a equipe? A equipe me respeita? Quais comportamentos e atitudes evidenciam esse respeito? A equipe e eu temos as mesmas metas em comum? Como sei? Quais as ações que confirmam essa percepção? A equipe entende minhas necessidades de informação, aprendizagem e apoio encorajador? Para que a equipe precisa de mim? Qual a palavra que melhor me descreve na qualidade de líder da equipe? O que eu poderia parar de fazer para melhorar o desempenho da equipe? O que eu poderia começar a fazer para incrementar o desempenho da equipe? E o que eu posso aprender a fazer para otimizar o desempenho da equipe? O que a equipe pensa, sente, expressa e vê sobre a minha liderança? Se eu pudesse escolher a equipe ideal, como seria? (Crie em sua mente como seria a equipe ideal que você gostaria de ter diariamente.) O que eu posso fazer para que a equipe atual se transforme nessa equipe ideal? Que tipo de investimento (ou permissões) eu preciso fazer para chegar a essa equipe ideal?"

Essa técnica de perguntas poderosas é capaz de gerar resultados extraordinários no líder, dar amplitude ao autoconhecimento e clareza sobre a sua identidade, pontos fortes, fracos, preferências e motivações verdadeiras. Quando o indivíduo reflete uma pergunta poderosa, ele entra em estado de alta conexão com seus pensamentos e emoções, acessando o subconsciente e provocando *insights* – ideias e soluções que podem gerar mudanças significativas em sua realidade, impulsionando o resultado desejado em curto espaço de tempo, o que causa na equipe admiração e respeito, fatores primordiais para o exercício da liderança. Nesse sentido, valemo-nos de uma poderosa passagem nos ensinamentos do líder indiano, Mahatma Gandhi, que diz: *"Mantenha seus pensamentos positivos, porque seus pensamentos tornam-se suas palavras. Mantenha suas palavras positivas, porque suas palavras tornam-se suas atitudes. Mantenha suas atitudes positivas, porque suas atitudes tornam-se seus hábitos. Mantenha seus hábitos positivos, porque seus hábitos tornam-se seus valores. Mantenha seus valores positivos, porque seus valores... Tornam-se seu destino".*

Portanto, o salto quântico na liderança se dá quando viramos a chave para a percepção de nossos pensamentos. A mudança parte de nós, e quando programamos a nossa mente para criar a realidade que desejamos ter, pessoal e profissionalmente, visualizando mentalmente a equipe ou a empresa dos sonhos, desejando verdadeiramente esse objetivo e com todas as emoções positivas desse ganho. Essa será a sua realidade! Cada pessoa recebe o que emana, e ao emanar amor, positividade e motivação, essa será a realidade criada pela sua liderança.

Referências bibliográficas

GOLEMAN, D. (2010). *Leadership: a Master Class*. Paraíba: Administradores Premium, 2017. Disponível em: http://www.administradores.com.br/dashboard/. Acesso em: 20 nov. 2017.

HUNTER, J. C. **Como se tornar um líder servidor**. São Paulo: Editora Sextante, 2015.

GANDHI, M. Sabedoria de Gandhi. Disponível em: https://www.mundodasmensagens.com/mensagem/especial-sabedoria-de-gandhi.html. Acesso em: 21 nov. 2017.

9

A REVOLUÇÃO MENTAL DOS LÍDERES QUÂNTICOS

Marcos Wunderlich

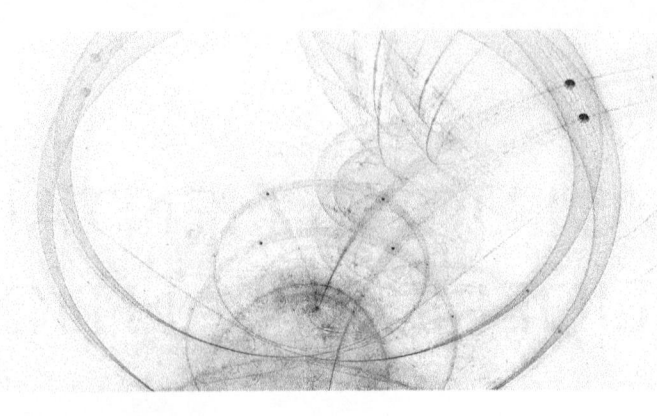

Marcos Wunderlich

Presidente Executivo do Instituto Holos de Qualidade.

Precursor na introdução do Coaching e Mentoring no Brasil.

Formador de profissionais e praticantes em Mentoring, Coaching, Advice Humanizado ISOR® nos níveis Professional, Master e Advanced. Consultor, palestrante e máster mentor e *coach* de empresários e executivos.

Mentalizador do Sistema ISOR® - conjunto referencial e instrumental científico-pedagógico de desenvolvimento de pessoas e suas organizações.

Filiado à ICF (International Coach Federation), ao IBCO (Instituto Brasileiro de Consultores de Organização) com reconhecimento como Certified Management Consultant (CMC).

Cosmovisão é uma palavra formada por *cosmos*: mundo ou universo + *visão*: enxergar algo, ver. Cosmovisão é o modo como uma pessoa vê e percebe o mundo.

Em essência, uma cosmovisão é tudo sobre tudo. Cada experiência que temos, cada pensamento, cada dor e prazer são interpretados por meio de nossas crenças sobre como as coisas são e deveriam ou não deveriam ser. A forma como reagimos à dor ou ao prazer e até mesmo o que é considerado dor e prazer procedem de nossa cosmovisão.

Cosmovisão, pois, compreende um conjunto de princípios, pressupostos, ideias fundamentais, doutrinas ou ideologias que contém explicações e justificativas para o ser, a vida, a morte, a pessoa, a organização social e econômica, o universo, de modo a que tudo venha a "ter sentido". É a mundividência, o *Weltanschaung*, a teoria geral de captação e explicação global da realidade, pano de fundo que enforma todos os pensamentos e crenças que temos.

A base de tudo é a forma pela qual nos sentimos e nos concebemos como seres humanos, nosso sentimento da vida, da existência e da identidade individual. Isso antecede às crenças, fundamenta-as, determina toda a nossa condução de vida, nossa educação, nossos objetivos, nossos relacionamentos.

E essa ampliação de visão está fazendo parte de outro universo fantástico: nossos pensamentos. Você já pensou como é seu pensamento?

Nossa capacidade de pensar é uma coisa fantástica! Como diz a letra da música de Lupicínio Rodrigues: *"O pensamento parece uma coisa à toa, mas como é que a gente voa quando começa a pensar"*.

E de onde vem o pensamento? Os pensamentos vêm da atividade de nossa mente. E nossa mente se apoia em nosso cérebro, um maravilhoso instrumento que vem sendo desenvolvido ao longo de milhões de anos, como ápice de todo o processo evolutivo no planeta Terra. Mas o cérebro não pensa, assim como o computador não escreve, mas precisa de alguém que o acione.

É a mente que usa o cérebro para pensar, sentir, agir. A mente tem uma Dinâmica Mental, apoiada, sim, no cérebro, mas com uma infinita capacidade de usá-lo segundo seu comando.

Esse é um tema instigante. Não temos a pretensão de esgotá-lo, porque já vem sendo estudado pelos sábios e cientistas do Ocidente e do Oriente. Nós vamos refletir sobre ele do ponto de vista de um sistema.

Nosso cérebro é o suporte físico-biológico do processamento mental das *entradas* que recebemos de todos os seres/sistemas à nossa volta.

E aí, conforme está estruturada a nossa mente, apoiada no cérebro, vamos efetuando o *processamento* dessas entradas.

A partir daí é que vamos dando *saídas* com as quais nos comunicamos com outros seres (sistemas) a nossa volta.

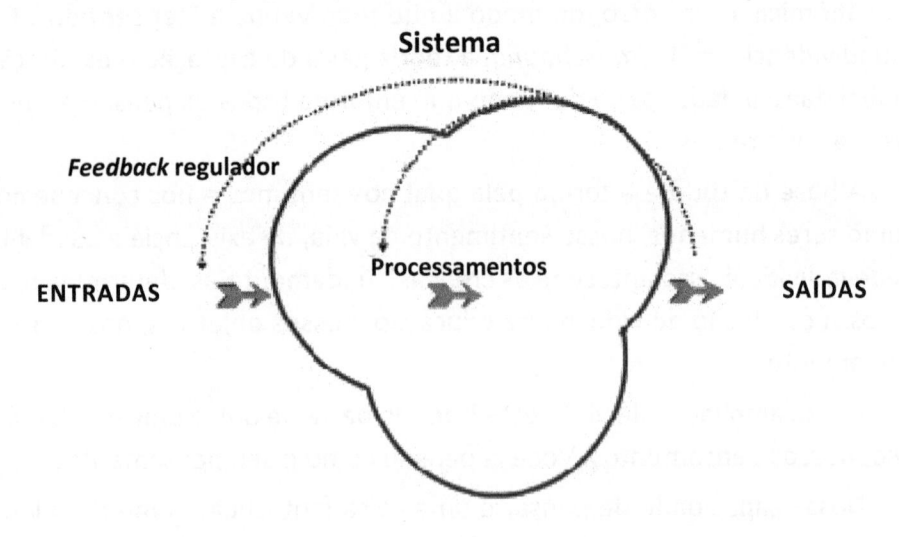

Sistema

Feedback regulador

ENTRADAS ➤➤ **Processamentos** ➤➤ SAÍDAS

O cérebro, nos seres vivos, atua como o grande *processador* das *entradas* e determina onde, quando e como proceder às *saídas*. Ele é, como já dissemos, o suporte físico-biológico subjacente da mente.

Esse é um processo bastante complexo e sofisticado. O cérebro humano é resultado de uma evolução de milhões de anos. Evoluiu biofisicamente, mas evoluiu também em sua incrível capacidade de processar e reagir às milhões de informações que recebe a cada segundo: luzes, cores, sons, movimentos, sensações de frio/quente, de liso/áspero, de duro/mole, palavras, figuras, ideias, desejos, sonhos, emoções, perigos etc.

Reflita um pouco sobre isso e veja que maravilha! E, além de tudo isso, temos uma memória fantástica, que segura o passado de tudo o que já temos pensado, sentido, vivenciado! Tem também uma capacidade incrível de projetarmos as ações para o futuro. E guardamos um mundo de informações que nos são inconscientes, algumas das quais conseguimos acessar com muito treinamento e com técnicas de aprimoramento.

Temos informações que nos foram passadas, a partir de nosso nascimento, na convivência com nossos pais, irmãos, parentes e vizinhos e, depois, pela escola, igreja, convívio comunitário. A maior parte dessas informações (ensinamentos, gestos significativos, o que fazem e mandam fazer etc.) fica no subconsciente, atuando mais em nível de reações emocionais inconscientes de nossa parte, bem como nos subordinando ao contexto cultural no qual crescemos. Nossas crenças se fundamentam nesse quadro quase totalmente inconsciente. O conjunto dessas informações compõe o que podemos chamar de sabedoria de subordinação.

Há, contudo, informações que antecedem ao nosso nascimento, sejam contidas em nosso DNA (toda a herança genética proveniente de ambas as linhas, paterna e materna), seja através de experiências de vida anteriores. Essas atuam de forma ainda mais sutil e se constituem nos mais profundos desafios de superação ao longo de nossa vida. Essas informações impregnadas sutilmente em nosso inconsciente constituem o que poderíamos chamar de sabedoria condicionante.

Mas há além disso, e sobretudo, em nós, algo ainda mais maravilhoso. Nós contemos o universo em miniatura, o repetimos, e nele estamos contidos. Somos uma expressão única e intransferível do universo, expressão do todo universal. Como todos os seres, contemos em nós a energia constituinte do universo e de todos os seres, desde as partículas atômicas até as galáxias. Juntamente com esse fantástico contido-conter vem algo absolutamente maravilhoso: NÓS CONTEMOS A SABEDORIA DO UNIVERSO. Ela é a Sabedoria Plena, Sabedoria da Vida, Sabedoria Universal.

Essa é nossa verdadeira realidade! Nós contemos uma sabedoria sempre presente, que é a consciência primordial que nos liga ao todo e a todas as frequências energéticas que se nos apresentam a cada momento, sempre no aqui-agora, fluindo no presente, carregando consigo todas as experiências vividas e nos direcionando rumo ao futuro emergente. Essa sabedoria é libertadora e integradora. Ela nos dá sensatez, prudência e moderação, nos orienta a habilidade de agir de forma mais coerente com a Vida, com respeito profundo à forma de ser das pessoas, da natureza das coisas. Ela promove a alegria de viver e é ela que promove a sensação de felicidade incondicionada.

Essa consciência primordial está sempre presente, à nossa inteira disposição. Como acessá-la? A cada momento podemos acessá-la através do centramento, isto é, ligando todos os centros de comunicação com o mundo exterior ao meu centro interior mais profundo, criando um momento de silêncio interior, me desligando do "lufa-lufa" processual, deixando ir todas as ideias e ansiedades, mergulhando no aqui-agora, no presente total, no *presencing*, e deixar vir sem esforço consciente o que emerge, sem duvidar e sem compromisso com o êxito. Se estou conectado à fonte da sabedoria, não há o que temer nem duvidar.

Agora, sim, retorno ao processual. Vou trazer ao lado racional para tornar bem claro o *insight* que tive. E posso então dar sequência ou ao processo de Coaching/Mentoring, ou à consultoria, e posso conduzir para a tomada de decisão com clareza, consciente de que está acontecendo uma condução real, isomórfica (condizente), com lealdade à vida e às pessoas envolvidas no processo em causa.

Esse é o toque de um líder transformador e renovador, **o líder quântico**, que agrega as energias dos participantes da equipe e gera impulso motivador.

Isso difere, e muito, de um gestor apenas eficiente, que aprendeu a contornar conflitos em busca de resultados, focado meramente no cumprimento de prazos e metas.

Tal liderança quântica, focada na consciência primordial, que brota da sabedoria plena, torna-se altamente eficaz, promove um clima de alegria, com equipe formada por pessoas mais comprometidas e felizes. Ela quebra resistências às mudanças, aceita e promove ideias criativas, que agilizam e dão cada vez mais qualidade a todos os processos envolvidos, porque as pessoas é que se envolvem quais fermentos na massa, ativando todas as energias produtivas com qualidade.

Eis aí a importância do cultivo de uma cosmovisão mais ampla, mais aberta, que acolhe e congrega. Ela gera respeito às pessoas, ativa potenciais, faz com que os membros das equipes sintam-se acolhidos, pertencentes ao grupo e à organização, valorizados como seres humanos e motivados a se aperfeiçoarem, a melhorarem suas competências. E isso dá resultados altamente positivos à corporação. Corporação sim, pois todos se sentem partes do todo desse corpo vibrante de vida que é a organização – organismo vivo e pulsante.

Está claro que nada funciona sem a sabedoria humana, que é quem ativa as potencialidades do cérebro triádico – razão, emoção e operação. Mas achar que é suficiente ativar os potenciais cerebrais é restringir demais o campo energético humano. O cérebro e suas capacidades são meramente fantásticas ferramentas de algo muito maior, que tudo comanda, tudo sente e tudo impulsiona. Temos a mente como expressão e presença da sabedoria universal, num processo evolutivo rumo à consciência plena, fonte de toda criatividade e realização de vida.

Entender o que se passa no interior de nossa mente é uma tarefa quase impossível, tamanha é sua complexidade. A partir da década de 1980 – algo um pouco mais de três décadas – os cientistas da neurofisiobiologia começaram a descrever nosso cérebro, inicialmente com duas áreas distintas, o Racional e o Emocional. Depois ampliaram os conhecimentos e agora descrevem o cérebro com três principais áreas distintas de funções.

Através de nossa cosmovisão, nós enxergamos o cérebro atuando através de três principais expressões energéticas. Por isso falamos em Trialética Mental. Ele sempre funciona integradamente, tudo simultâneo, ora com mais ênfase num lado, ora em outro, mas os três atuando sempre em conjunto.

Líder Direcionador	Líder Motivador
Raciocínio lógico	Emocional Intuitivo
(Hemisfério esquerdo - néocortex)	(Hemisfério direito - límbico)
Raciocínio verbal, lógico-analítico, cálculo, classificações, conceitos, explicação, conhecimentos, crenças, valores, referenciação.	Intuição, sensibilidade, criatividade, sabedoria, afetividade, relacionamento, sentimento, arte, música, humor, elegância, fé, captação do clima tensorial.

Líder Realizador
Operacional prático
(Parte comum - corpo caloso - reptílico)
Prática, produção, ação, negócios,
ter, fazer, eficiência, sobrevivência,
organização pessoal.

Modelo esquemático do cérebro - visão posterior.

Foi assim que os neurocientistas descreveram o cérebro:

— do lado esquerdo, de quem olha de trás para frente, fica o lado <u>Racional;</u>

— <u>do lado direito, fica o lado Emocional e</u>

— <u>na base, ligando o cérebro à coluna vertebral, fica a chamada Porção Comum.</u>

Fala-se então em Inteligência Racional, Inteligência Emocional e Inteligência Operacional.

Vejamos agora quais são as características principais de cada uma das três forças que atuam em nossa mente.

INTELIGÊNCIA OPERACIONAL

Comecemos pela Inteligência Operacional, pois ela é a mais antiga e a mais experiente.

Por quê? Porque as espécies mais antigas já tinham um núcleo cerebral que comandava todas as suas ações, desde os antigos dinossauros, passando pelos répteis, como cobras e lagartos, dali pelas aves, os mamíferos e chegando até nós, os chamados *homo sapiens*. Por isso é que, na linguagem dos neurocientistas, essa porção comum é também chamada de cérebro reptílico ou reptiliano.

São comandadas pelo cérebro operacional nossas reações instintivas perante uma situação de perigo, nossos mecanismos de defesa. É ali que está tudo que se foi tornando automático, rotineiro. Essa é a área dos treinamentos corporais, por exemplo, dos atletas; de aprender de cor um texto ou uma fórmula.

Da mesma forma, para se tornar um bom profissional, você terá que fazer cursos e treinamentos, adquirir experiência, para suas atividades ganharem o ritmo necessário ao exercício profissional.

Um líder que treinou sua inteligência operacional, que sabe distribuir bem as tarefas e funções, que consegue bons resultados com sua equipe é um LÍDER REALIZADOR. Ele faz fazer.

INTELIGÊNCIA EMOCIONAL

Na linha do processo evolutivo das espécies, um novo campo no cérebro foi emergindo progressivamente, sobretudo a partir dos mamíferos. Aqui aparecem claramente os vínculos afetivos, as formações tribais, o sentir-se ligado a um grupo, o sentimento de pertencer e a disposição de defender seu grupo até mesmo com a vida.

Animais como os cães, os gatos, os cavalos, os golfinhos, as baleias, os macacos são ávidos por dar e receber carinho, dão a vida pelos seus, buscam-se, abraçam-se ou lambem-se e chegam a dar pulos de alegria.

No ser humano é isso mesmo que desde sempre acontece, só que se foi tornando cada vez mais complexo.

É a chamada inteligência do coração. Aqui estão a emoção, os sentimentos, a afetividade. É aqui também que está o lado mais criativo, o lado da imaginação, dos sonhos. É o lado da inspiração, da motivação, da fé, da coragem de quebrar paradigmas, da coragem de tomar decisões, sobretudo aquelas que "dão um frio na barriga".

É o lado direito também que comanda a arte, a sensibilidade qualitativa, a imaginação, a música, a poesia. É ali que fica o êxtase, o achar lindo, maravilhoso. É pelo lado emocional que nós desfrutamos da vida, que gostamos das pessoas e dos outros seres, é por aqui que sentimos aqueles momentos de "vale a pena viver!".

Mas, este é também o lado do sofrimento, do "não gostei", da "dor de viver", das mágoas, do ódio, das tristezas, da saudade, do sentir-se abandonado, da depressão.

Esse é também o lado dos relacionamentos humanos, do sentimento de pertença, das ligações entre as pessoas. É aqui que se apresenta e se desenvolve a liderança, a capacidade de impulsionar e motivar, de fazer com que as pessoas acreditem ou não nas pessoas.

A emoção é imediatista, age de rompante, é impulsiva, caótica. Se estiver fora de comando, vai com tudo. E o comando não é característica do emocional, como vamos ver daqui a pouco.

É aqui que se fundamenta a motivação. Nos níveis de maior cultivo e refinamento, é aqui a área da intuição, da percepção do clima ou tensor, do sentir à distância, de antecipar e prever o que pode acontecer.

E é por essa energia emocional que, através do cultivo pessoal interior, a pessoa se sente ligada ao Todo, sente a vibração do universo em si mesma. É o lado místico, da iluminação.

Um líder que consegue motivar sua equipe, que agrega as pessoas em torno da razão de ser do grupo, que promove um ambiente alegre, com pessoas comprometidas, é um LÍDER MOTIVADOR. Ele impulsiona o fazer.

INTELIGÊNCIA RACIONAL

Em termos de evolução da vida no planeta Terra, aqui está o aspecto mais evoluído e, também, o mais complexo. Realmente, o ser humano se distingue das outras espécies por sua capacidade racional, capacidade de pensar, analisar, compreender, querer saber o porquê de tudo, para que serve, para onde vai alguma coisa ou acontecimento.

É essa capacidade que faz com que o ser humano não só se adapte às condições na natureza, mas a transforme. Não só buscamos o alimento, como o produzimos em grande escala. Produzimos nossos instrumentos de trabalho e de arte, bem como os de guerra. Produzimos com que produzir e também com que destruir!

Por isso o ser humano desenvolveu a arquitetura, a literatura, a engenharia, a matemática etc., para muito além do campo instintivo e emocional. Para o racional as coisas têm de estar certinhas, calculadas, medidas.

O lado racional de nossa mente é o encarregado de processar os dados quantitativos, fazer cálculos, classificações, combinações, comparações.

É dele o raciocínio lógico, a linguagem verbal, numérica; os conceitos, as justificações; do senso crítico e analítico; das fundamentações e das explicações científicas; das crenças, doutrinas e ideologias; é ele que dá direção e sentido a tudo que fazemos.

E é dele também a quantificação temporal, que compara idades, fases, ciclos, descrições históricas. A mente racional, por exemplo, é que seleciona o que interessa e o que não interessa ao escrever a história de uma pessoa, de um país ou de uma cultura. E, é claro, costuma interpretar, ou mesmo distorcer, os fatos a seu favor ou segundo suas crenças...

Um líder que dá direção a sua equipe e planeja as ações com clareza, que sabe explicar faz as pessoas de seu grupo entenderem o que e para que estão trabalhando, é um LÍDER DIRECIONADOR. Ele dá rumo ao fazer.

O que é importante observar é que nunca nossa mente funciona só com um dos lados. É sempre o conjunto que atua. A mente é una, é uma unidade que integra uma triunidade, que atua sob tensão energética triádica.

Agora, há momentos em que predomina um dos lados da mente. Por exemplo: se eu domino um instrumento musical (lado operacional) e toco uma música seguindo a partitura musical (lado racional da música), talvez eu toque de forma mais fria, apenas obedecendo às regras da música. Mas se eu me entrego à música, tocando com alma e sentimento, provavelmente é o emocional que predomina. E é só aí que a música empolga, faz vibrar!

Se eu estiver controlando as despesas do mês, somando, multiplicando, dividindo – é o meu lado esquerdo que está no comando. Mas o meu emocional acompanha, por exemplo, sentindo-me pesado perante as despesas, preocupado ou com raiva ao ver um gasto surpreendente – aí é o emocional que vem à tona. O que fazer? Como resolver? Tenho de pensar (racional) no que fazer (operacional), ou entrar em desespero (emocional)...

CONCLUSÃO

As pessoas anseiam por felicidade. Quando entendemos isso, já não podemos julgar mais ninguém. Ninguém faz o seu pior. As pessoas anseiam acima de tudo por serem amadas e compreendidas, e amar as pessoas implica a aceitação incondicional.

Nossa dificuldade de viver está ligada à visão que temos de mundo.

Vivemos do jeito que vemos o mundo. Cada pessoa vê o mundo de forma diferente, dependendo de suas percepções. Somos nós que enxergamos o mundo assim e então o mundo é assim para nós. Se quisermos mudar alguma coisa, precisamos mudar ou ampliar nosso jeito de vê-la, nossa visão. E estimular as pessoas a ampliarem suas visões de mundo, de vida e de relacionamentos.

O antídoto é desenvolver novas formas de ver a vida, é ter coragem de partir para uma cosmovisão mais aberta, abrangente e menos restritiva. É se descobrir partícipe da vida, cultivar o encantamento diante da beleza da vida em todas as suas expressões.

Alegria, amor, compaixão, automotivação, posturas prestadias surgem naturalmente dessa sensação de conter e estar contido no universo.

Isso é fundamental para quem pretende mudanças reais em sua vida e no meio em que vive – família, empresa, comunidade, país ou mundo. A crise que hoje estamos vivendo é, certamente, a maior pela qual já tenha passado a humanidade.

As instituições estão todas postas contra a parede, pois não estão atendendo aos anseios do ser humano da atualidade. As igrejas e religiões estão todas em crise de identidade. As crenças que as sustentam estão postas em cheque pelos avanços da ciência. A linguagem que é usada em geral é de conteúdo estático, dicotômico, preso a mitos que a ciência suplantou. Partidos políticos e governantes não mais representam os anseios comunitários. As novas gerações estão encontrando intransponíveis dificuldades de se adaptarem às estruturas organizacionais e empresariais vigentes. Sem falar das enormes crises políticas e financeiras que estão abalando o mundo todo.

Podemos provocar uma verdadeira e surpreendente revolução da mente das pessoas e líderes quando provocamos uma ampliação de sua visão, quando nos conectamos à sabedoria e a deixamos atuar na consciência plena do aqui e agora.

> **O líder quântico é o que sabe acessar, através do centramento, sua Fonte de Sabedoria. E a Sabedoria Ativa as potencialidades do cérebro triádico, reunindo as qualidades do líder realizador, motivador e direcionador.**

A mente é expressão e presença da sabedoria universal, num processo evolutivo rumo à consciência plena, fonte de toda criatividade e realização de vida.

Entender nossa mente, entender como vemos o mundo é a chave para ativar nosso vasto potencial de liderança, a liderança quântica, inteligência, felicidade e excelência no viver e em nossa atuação pessoal, relacional e profissional.

10

CONCEBENDO A LIDERANÇA EM PATAMAR ELEVADO: O DESAFIO DA SUSTENTABILIDADE

Marina Laura Dutra

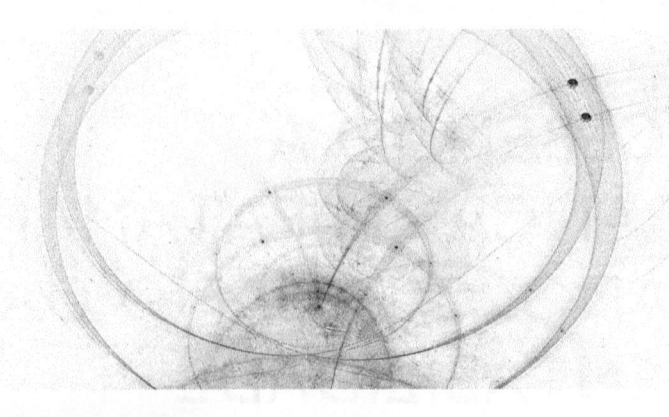

Marina Laura Dutra

Master Coach ISOR, pelo Instituto Holos de Qualidade; Personal & Professional Coach, Executive Coach e Positive Coach, pela Sociedade Brasileira de Coaching; sócia-diretora da Via Humana – Educação, Tecnologia e Desenvolvimento; Consultora Organizacional, nas áreas de gestão e desenvolvimento de pessoas; desenvolvimento gerencial e de equipes; educação a distância; empreendedorismo; avaliação de programas de capacitação; análise comportamental DISC; professora universitária, palestrante; mestre em Administração Pública, pela FGV.

marinalaura.dutra@gmail.com

(61) 99333-8460; (61) 3202-4296

SOBRE LIDERANÇA

Liderança é um fenômeno bastante discutido, sobretudo pelas ciências humanas e sociais; estudado nas organizações e também na família, na escola, nas nações e no contexto internacional. São muitas as teorias sobre liderança, como teoria dos traços, liderança situacional, carismática, transacional, transformacional.

Um dos mitos mais antigos sobre liderança é o do líder nato. Muitos autores trazem pesquisas e experiências em vários campos do convívio humano, que mostram diferentes fatores grupais e ambientais que influenciam ou determinam o fenômeno da liderança, além das características do líder, destruindo o mito do líder nato.

Também não se há de confundir liderança com chefia ou gerenciamento. Esses fenômenos podem andar juntos ou não: é comum encontrar chefes que não são líderes, como verdadeiros líderes que não ocupam cargos formais. Vale salientar, por outro lado, que muitos executivos ou gerentes, investidos de autoridade formal, contribuem fortemente com a efetividade de suas organizações, graças a sua liderança.

Entre inúmeros conceitos de liderança, parece ser unânime considerá-la uma relação de influência do líder sobre o liderado, em busca de realizar determinado objetivo.

Warren Bennis, um famoso especialista em liderança, pondera que "aos líderes compete criar para suas instituições objetivos claros mensuráveis, com base nas sugestões de todos os elementos da comunidade."

(BENNIS, 1996, p. 82). Ele alerta para a necessidade de os líderes se livrarem da rotina, correrem riscos, errarem, utilizarem sua criatividade e incentivarem os colaboradores a usarem a deles.

Na visão de Brutoco, o modelo hierárquico, adotado no mundo empresarial, após a II Guerra Mundial, que criou a explosão de riqueza material nos países industrializados, é o mesmo cuja utilização está destruindo o planeta. Para ele, a capacidade empresarial de resolver as complexas e perigosas questões provocadas pelos avanços industriais e tecnológicos "traduz-se na responsabilidade, por parte dos empresários, de agir como agentes de cura da sociedade humana. [...]. Obviamente, os negócios têm a capacidade de desempenhar um papel de liderança inovadora na criação de um futuro positivo e possível de ser conservado". (BRUTOCO, 1996, p. 16).

Do patamar das reflexões que clamam por um novo paradigma nas organizações, bem como na sociedade como um todo, é que precisamos reformular os conceitos e as práticas da liderança.

Ruy Matos (2015), psicólogo organizacional, coloca um conceito, que a nosso ver esclarece bem a natureza da liderança: "Fenômeno sistêmico e relacional, sendo o líder aquele que em determinado momento, circunstância e espaço, assume a prevalência da influência sobre os demais, que o acompanham, que o seguem." O autor destaca as características de interconexão, alternância e fluidez da liderança; quem é líder em um determinado momento ou situação poderá vir a ser liderado, em outro.

Matos aprofunda-se na explanação do que intitula liderança cidadã. "O conceito de liderança cidadã se contrapõe ao modelo individualista que está presente em diversas teorias sobre liderança, que concebem o líder como alguém isolado, situado acima de seus seguidores." (MATOS, 2015, cap. 1). Nessa abordagem, o autor enxerga a liderança como um fenômeno coletivo, em que as relações de influência estabelecem quem deve liderar, segundo situações e demandas específicas e considerando fatores psicológicos, sociais, políticos e econômicos. O líder, atuando no coletivo e a favor dos interesses de sua coletividade, torna-se cidadão.

Assim, a liderança, mesmo exercida a partir do âmbito organizacional, vê-se comprometida com a coletividade em que a organização está inserida e até mesmo com o desenvolvimento do planeta. A liderança passa a ter novas demandas e novos relacionamentos, em busca de diferentes resultados, em diferentes níveis de atuação.

SOBRE SUSTENTABILIDADE

Como visto, as organizações estão no centro das mudanças paradigmáticas exigidas no complexo mundo de hoje. Se considerarmos o tempo que os jovens e os adultos passam presencial ou virtualmente nas organizações e a dimensão das potencialidades e energias que investem nelas, percebemos que a transformação passa inevitavelmente pelo mundo organizacional.

Em diversos países, inclusive no Brasil, cresce o envolvimento das instituições públicas, privadas e do terceiro setor com o desenvolvimento sustentável, como resposta a mudanças do ambiente externo. O desenvolvimento sustentável traz a perspectiva do ganha-ganha-ganha, em que auferem dos resultados organizacionais a organização, a comunidade-alvo e a sociedade como um todo, considerando benefícios sociais, econômicos e ambientais.

No Brasil, a Fundação Dom Cabral (FDC) produz pesquisas, que mostram o estágio das organizações nesse tema. Em 2014, a pesquisa Estado da Gestão para a Sustentabilidade no Brasil (LAURIANO, 2014), que contou com a participação de mais de 400 empresas de todas as regiões e setores da economia brasileira, mostrou que:

- profissionais jovens em início de carreira possuem forte percepção da sustentabilidade corporativa de forma geral e em suas organizações;

- com o avançar da idade e da experiência, a percepção da sustentabilidade corporativa em suas empresas apresenta declínio;

- líderes (acima de 55 anos e sobretudo do alto escalão) possuem percepção da sustentabilidade corporativa muito forte, sendo os responsáveis pela existência e estímulo de processos voltados ao tema.

Vê-se que a alta liderança entende o conceito e a relevância da sustentabilidade para o negócio, no entanto a liderança dos escalões intermediários não está conseguindo manter a sensibilidade dos jovens componentes de suas equipes nem os incentivar a criar ações concretas para objetivar o conceito.

A pesquisa Estágios da Sustentabilidade Corporativa 2016, realizada pela FDC, mostrou que "houve melhorias no engajamento do CEO e do Conselho nas questões que envolvem sustentabilidade nas empresas, passando de meros apoiadores de iniciativas para líderes que se envolvem e auxiliam o desenvolvimento dessas, ainda que em pequena escala. (SPITZECK, 2016).

Considerando a abrangência trazida pelo conceito de sustentabilidade, são muitos os grupos de interesse que afetam e são afetados pelas ações das organizações. Isso coloca um desafio significativo para a liderança, ao estabelecer a necessidade de conhecer, exercer influência e ser influenciada por esses grupos de interesse, em torno dos objetivos que os une.

Tal aspecto fica patente, se considerarmos a necessária participação das organizações e suas lideranças na realização dos Objetivos do Desenvolvimento Sustentável (ODS), que se propõem ao enfrentamento de mazelas mundiais como a pobreza, a fome, as desigualdades e injustiças sociais, o desbaratamento dos recursos naturais. A proposta é uma ação mundial, até 2030, interligando governos, empresas e a sociedade civil, para criar uma vida com dignidade e oportunidades para todos. (NAÇÕES UNIDAS, 2015).

Contudo, para que esse cenário, em alguma medida, torne-se realidade, a sociedade, que se estrutura em organizações, necessita de ação orquestrada, em cujas diretrizes estejam sólidos valores éticos, humanos e democráticos. O conjunto de valores dos ODS deverão inspirar a definição ou a reformulação da missão, dos objetivos, das estratégias e das ações intra e interorganizacionais, para que se supere o estágio do mero discurso. E, então, uma nova liderança é demandada, já que obviamente não bastam a sensibilidade e o comprometimento dos altos escalões organizacionais, como apontado nas pesquisas da FDC.

Matos (2015) fala-nos da liderança-cidadã: "... que nasce ao assumirmos essa responsabilidade social. A legitimidade do líder-cidadão resulta da aceitação de sua influência por parte daqueles que o seguem, numa relação dinâmica onde líderes e liderados tomam parte de uma missão maior que é o desenvolvimento autossustentado de sua comunidade ou de sua organização. [...] A liderança cidadã, portanto, é produto de nosso comprometimento social e de nossa ação consciente e transformadora da realidade em que vivemos".

Segundo Matos, há oito competências essenciais ao líder-cidadão, quais sejam:

COMPETÊNCIAS ESSENCIAIS AO LÍDER-CIDADÃO

Competência	Descrição Sucinta
Pensamento estratégico	Convicção de que é possível moldar o tempo futuro, ainda inexistente, por meio de decisões.
Visão sistêmica	Perceber o todo interconectado, em que as relações entre os componentes são monitoradas e aprimoradas, visando a máxima sinergia e os resultados pretendidos.
Missão educadora	Compromisso permanente no preparo da equipe e de cada um de seus colaboradores para lidar com problemas e oportunidades e para desenvolver seu potencial.
Prática democrática	Reflete sua ideologia participativa, ao reconhecer que o poder da liderança emana do conjunto de colaboradores e não apenas do líder.
Gestão da Inovação	Desempenho empreendedor respaldado na inovação como um valor primordial, estimulado e premiado junto aos colaboradores. A coragem de projetar algo novo, de arriscar-se nas decisões.
Gestão da Inteligência Cooperativa	Gestão da participação de todos na construção do conhecimento e da excelência organizacional, na busca da aprendizagem permanente.
Empatia com o cliente	Perceber e acolher necessidades, dores, desejos, condições dos clientes, internos e externos, em todos os âmbitos de atuação, e com eles estabelecer alianças e parcerias.
Foco no resultado	Competência que dirige o esforço despendido, orientado a um objetivo. Enfatiza a eficácia, a efetividade e dá sustentabilidade ao comportamento do líder. Abrange o estabelecimento de metas e de indicadores a serem monitorados.

Fonte: Adaptado de Matos (2015)

Essas competências deverão ser exercidas pelo líder-cidadão, no que concerne às demandas internas e externas à organização, nos vários níveis de envolvimento com questões econômicas, sociais e ambientais.

CONCLUSÃO: A LIDERANÇA PARA A SUSTENTABILIDADE

Tanto na sociedade industrial, quanto na sociedade pós-industrial (da informação), a liderança esteve associada, mais das vezes, ao motivar pessoas para atuar em prol de resultados econômico-financeiros das organizações. Sobressaía-se a liderança a serviço da boa administração, muitas vezes expressa em metas provocadoras de pressão e estresse, sob um controle hierárquico, travestido de práticas modernas de gestão de pessoas. Fundamentam esse quadro valores como poder, *status*, competição, individualismo.

No bojo de uma sociedade desigual, com sérios problemas em termos das necessidades básicas do ser humano e no limiar do esgotamento dos recursos naturais, delineia-se uma nova era, que solicita mudanças radicais. Em razão disso, estamos sob a égide de um acordo multinacional - a Agenda 2030 e os ODS - que se propõe a construir uma sociedade para todos. Nesse movimento renovador, ressalta-se a responsabilidade das organizações e de suas lideranças.

Porém, qual a liderança que cabe na sociedade da sustentabilidade? Com certeza, a liderança vista de um patamar mais elevado, não só em termos da abrangência de seu desafio, como dos valores que a fundamentam. A liderança que não só motiva, mas mobiliza; que age em prol da organização, da comunidade e do planeta. A liderança ética, democrática, da confiança, da interconexão, da inovação, da ousadia. Que investe no autodesenvolvimento e no desenvolvimento de equipes, de colaboradores e de parceiros. Aquela, inclusive, que se dispõe ao engajamento em movimentos liderados por outrem. A liderança da coletividade, da cidadania, que envolve, como protagonistas, não só as organizações, como todas as pessoas.

Referência bibliográficas

BENNIS, W. Conheça alguns lugares-comuns básicos sobre liderança. In RAY, M.; RINZLER, A. (Orgs.). **O novo paradigma nos negócios. Estratégias emergentes para liderança e mudança organizacional.** São Paulo: Editora Cultrix, 1996.

BRUTOCO, R. Prefácio: A escultura de um novo paradigma nos negócios. In RAY, M.; RINZLER, A. (Orgs.). **O novo paradigma nos negócios. Estratégias emergentes para liderança e mudança organizacional.** São Paulo: Editora Cultrix, 1996.

LAURIANO, L.; BUENO, J.; SPITZECK, H. As gerações de profissionais e sua percepção sobre sustentabilidade corporativa (2014). Disponível em: <http://acervo.ci.fdc.org.br/AcervoDigital/Cadernos%20de%20Id%C3%A9ias/2014/CI1405.pdf> Acesso em: 10 jan 2018.

MATOS, RUY. **Liderança Cidadã:** Um Novo Modelo de Liderança nas Organizações. E-Book, Edição do Kindle, 2015.

NAÇÕES UNIDAS. Guia dos ODS para as Empresas. Diretrizes para implementação dos ODS na estratégia dos negócios. Disponível em: http://cebds.org/wp-content/uploads/2015/11/Guia-dos-ODS.pdf . Acesso em: 10 jan 2018.

SPITZECK, H. et ali. Estágios da Sustentabilidade Corporativa 2016. Disponível em: <https://www.fdc.org.br/professoresepesquisa/nucleos/Documents/sustentabilidade/2017/Est%C3%A1gios_da_Sustentabilidade_Corporativa_2016.pdf> Acesso em: 10 jan 2018.

11

LIDERANÇA E SAÚDE – UMA ABORDAGEM QUÂNTICA

Olívia Kemper Wunderlich

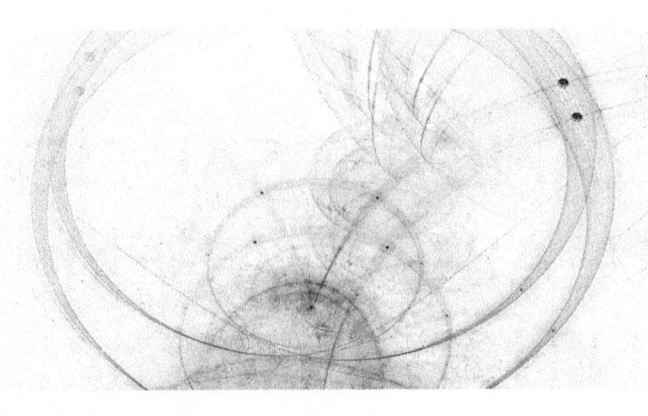

Olívia Kemper Wunderlich

Diretora fundadora do Instituto Holos.

Formada em Enfermagem e pós-graduada em Enfermagem do Trabalho, Naturologia, Turismo e Hotelaria.

Formada em Acupuntura com especialização em Medicina Chinesa na Universidade de Shangon, China, e Acupuntura Bioenergética e Moxabustão pela Universidade Cemetec, Madrid, Espanha.

Estudiosa da qualidade de vida e da morte.

Escolhi o tema "Liderança e Saúde – Uma Abordagem Quântica" como contribuição ao livro "O Salto Quântico na Liderança", pensando na grande contribuição dada pelo físico David Bohm para melhor conhecimento da Física Quântica em busca do entendimento da realidade.

Quero explorar, através da ótica de Bohm, o líder no cultivo de sua saúde e como promotor de campos saudáveis em suas áreas de atuação.

De acordo com Bohm, a natureza básica da realidade é aquilo que ele denomina "holomovimento". Para usar suas palavras, a natureza da realidade é "uma única e inquebrantável integridade em movimento de fluxo". Dessa forma, tudo está conectado e tudo está em fluxo dinâmico. No termo holomovimento, *"holo"* refere-se à estrutura holográfica, significando que cada parte do fluxo, de alguma forma, contém o fluxo como um todo. E *"movimento"* é o inteiro fluxo numa constante mudança processual.[1]

Vou explicitar qual a visão da realidade, segundo David Bohm. O grande físico, que obteve a cidadania brasileira quando lecionava na Universidade de São Paulo (USP), de 1951 a 1955, propôs, em sua obra "A Totalidade e a Ordem Implicada" (1980), sua visão da realidade em três ordens:

a) **Ordem Explícita ou Manifesta** – é o mundo tridimensional do espaço-tempo, da matéria densa. Tudo o que podemos captar por nossos sentidos e que pode ser quantificado, mesmo que seja pelos mais avançados aparelhos tecnológicos.

b) **Ordem Implícita ou Implicada** – refere-se a um campo mais sutil que ultrapassa a percepção sensorial e só é perceptível pela via intuitiva.

É uma ordem oculta, multidimensional, cuja dinâmica escapa às medições quantitativas de espaço e tempo. Ela ordena o caos aparente das manifestações de ordem sensorial, cujo desdobramento Bohm chamava de Holomovimento. No Instituto Holos e no Sistema ISOR® chamamos essa ordem de Campo Tensorial, Tensor ou campo de energia sutil.

c) **Ordem Superimplícita** – é o Uno, a fonte criadora e impulsionadora de tudo no universo, presente em todos os seres, em todos os níveis. Ela transcende tempo e espaço, é imensurável e somente acessível em estado de absoluto silêncio e vazio interior. O Holomovimento deriva dessa ordem. Toda a dinâmica universal, presente em todos os seres, das partículas atômicas às supergaláxias, é por ela gerada e impulsionada.

Toda a ciência moderna, com todos os admiráveis avanços teóricos e tecnológicos, está fundada na **Ordem Explícita**, que é onde reina soberana a visão cartesiana e mecanicista. Todo o esforço dessa ciência é de manifestar a realidade, tornando-a mensurável e definível, para torná-la útil através do avanço tecnológico.

Para uma abordagem de liderança em relação à saúde, como me proponho no presente artigo, é importante tomar consciência de que toda a ciência e a tecnologia predominantes na área acadêmica e clínica em relação à saúde está fundada predominantemente na visão fragmentada cartesiana. Estuda-se o corpo humano parte por parte, formando-se especialistas para conhecimentos cada vez mais aprofundados de cada parte, mas com uma visão geralmente muito superficial da interligação das partes no todo. É uma ciência que ignora as inúmeras e sutis influências dos campos energéticos que atuam sobre o corpo. Até mesmo no estudo da mente humana, a Psiquiatria e a Neurofisiologia geralmente se atêm ao cérebro e suas interconexões funcionais.

Para este nosso estudo, vou aprofundar-me um pouco mais na **Ordem Implícita**. Essa é uma forma de ver a realidade de forma mais ampliada. Realidade é o que tomamos como sendo o verdadeiro. O que tomamos como verdadeiro é aquilo em que cremos. O que acreditamos baseia-se no que pensamos, que determina, por sua vez, o que percebemos. E o que acreditamos determina o que tomamos por verdadeiro. O que tomamos como sendo o verdadeiro é a nossa realidade.

Acontece que, segundo Bohm, para além da realidade como a vemos – ordem explícita – existe uma realidade implícita, multidimensional, sutil, da qual deriva a ordem manifestada. Juntas, as duas ordens, **Implícita e Explícita,** compõem uma totalidade ininterrupta e indivisa, ou uma ordem de grande abrangência.

O interessante nisso é que todos nós percebemos essa **Ordem Implícita**, esse tensor ou campo de energia sutil que está pulsando sutilmente e determinando como percebemos a realidade explícita.

Acontece que nossa percepção consciente está treinada a ver, sentir, decodificar e diagnosticar segundo a forma de ver a realidade, como dito acima. E o sutil passa despercebido pela nossa consciência.

Como dizíamos, esta **Ordem Implicada** corresponde ao que chamamos no Sistema ISOR® de Tensor ou Campo Tensorial. Tensor é o clima. Segundo Einstein, é um campo sutil, $E=mc^2$, formado por movimentos. É percebido pela sensibilidade e inteligível (parcialmente) pela razão. É também o que Bohm chama de Holomovimento, a soma e integração das ondulações energéticas num determinado campo, que se refletem na **Ordem Explícita**. Segundo Einstein, pois, nada é sólido e tudo está em movimento. E o tensor é um campo sutil formado por movimentos.

Um dado importante: na **Ordem Explícita,** nós vamos percebendo um determinado campo ou fato ou evento de forma sequencial, por partes, e automaticamente já vamos analisando, comparando, medindo, quantificando, avaliando e, mesmo, julgando. Tudo isso já está quase totalmente automatizado em nossa mente pela cultura, pelo treinamento, apoiado em nossas crenças e nossas reações emocionais.

Mas a percepção da **Ordem Implícita** do campo tensorial é no aqui-agora, nos dando um sentido de totalidade. Nós sentimos o campo no seu todo, em sua vibração energética captada pela sensibilidade. É um sistema, uma totalidade articulada e não um mero ajuntamento de partes em determinado espaço físico.

Portanto a **Ordem Implícita** (o campo tensorial, tensor ou o Holomovimento) determina a ordem natural do desencadeamento dos processos ou acontecimentos. Dentro de um campo tensorial ou Holomovimento tudo é afetado simultaneamente e nada existe isolado dele.

A **Ordem Implícita** que está atuando é sutil, só é possível sentir. Geralmente é difícil de explicar. E quando se quer explicar, há que ter cuidado, pois aí entram os paradigmas, as crenças, que tendem a julgar essa realidade. E poderemos ser injustos, se projetarmos nossos pré-julgamentos ou preconceitos.

Bem, e o que isso tem a ver com liderança? E com a saúde do líder?

Sejamos um pouco cartesianos: vamos por partes. Primeiro: liderança. O que tem a ver com Física Quântica? E, em nosso contexto, com David Bohm?

Falamos acima da forma de ver a realidade. Dizíamos que nós criamos a realidade para nós, conforme nossas crenças. Acontece que a maioria de nossos líderes, desde em pequenos empreendimentos até grandes organizações públicas e privadas, vai aflorando e se firmando segundo sua força própria e as circunstâncias ou sendo indicada ou mesmo imposta por gestores de nível hierárquico maior. Esses líderes carregam consigo mentalidades dicotômicas, muitas vezes limitadas em termos de conhecimentos mais amplos, mas com razoável preparo técnico especializado, fruto sobretudo da experiência. São treinados para levar suas equipes a produzirem os resultados previstos, usando de todo tipo de técnicas de persuasão e motivação.

Muito raramente o preparo desses líderes ultrapassa o nível do campo **Explícito**. Dá-se importância maior ao preparo técnico e operacional, com o suficiente embasamento teórico e traquejo mental racional.

Apesar da imensa bibliografia que existe nas últimas décadas, acompanhada de todo tipo de cursos, seminários e congressos apontando novos caminhos, quase ninguém tem coragem ou competência para questionar as cosmovisões e paradigmas que sustentam as crenças pelas quais conduzem suas ações. Predominam nesses treinamentos e currículos pedagógicos (inclusive nas escolas de nível técnico, superior e de pós-graduação) a visão cartesiana fragmentária e a mecanicista utilitarista.

O que predomina é uma via automatizada de administração e gestão, com setores desconectados, lutando interna e externamente com jogos desgastantes de poder, com um forte nível de entropia.

Isso gera, nas organizações, desde as pequenas familiares até as macros S/A., climas geralmente muito tensos, com altos índices de estresse, que desembocam em sérios problemas de saúde física e mental. Principalmente em suas lideranças, em todos os níveis funcionais e hierárquicos.

As organizações, então, investem, frequentemente, altas somas em programas e atividades compensatórias. Como o pano de fundo (visão de mundo) é geralmente materialista, as organizações buscam todos os meios de melhorar o clima através de bonificações salariais, premiações de toda ordem, investimentos em melhorias do meio físico etc. Mas são compensações de curto prazo, porque o nível de exigência não afrouxa.

As perguntas são: "Onde ficam as pessoas? Como são vistas as pessoas? E seus relacionamentos? E seu desenvolvimento pessoal? E suas reais motivações? Alguém sabe? Que importância têm? Por que trabalham? Para quem? Precisam ser bem tratados, não é? O necessário... E o suficiente!"

E mais perguntas me vêm agora com força: "Qual o comprometimento com a vida em âmbito maior? Com o meio ambiente? Com a natureza? E com a comunidade local? E com a comunidade maior do País? Com a fome e a miséria? Com a paz?"

O que falta aqui é a consciência da Ordem Implicada, de que nada existe isolado, tudo está interligado. Uma sujeira aqui é sujeira no planeta, é nossa casa que está suja. Crianças morrendo de fome lá, em algum lugar, bem pertinho ou bem longe, nós somos também responsáveis por elas, não só pelo fato, mas também por colaborar de algum modo na busca de alternativas mais humanas e amorosas.

Impregnar nossos líderes, homens e mulheres na liderança dessa verdadeira consciência de sustentabilidade social e ambiental, é imprescindível para gestarmos o mundo que queremos para nós, nossos filhos e netos.

E, nisso tudo, onde fica a saúde do líder?

O velho ditado *"Mens sana in corpore sano"* também se aplica aqui.

Assumo, neste contexto, o conceito de saúde da American Holistic Medical Association (apud Bratman, 1998, p. 16):

> "A Saúde é um estado de bem-estar no qual o corpo, a mente, as emoções e o espírito de uma pessoa estão em harmonia com o ambiente natural, cósmico e social".

Sabemos hoje que a maior parte das doenças no nosso corpo físico é gerada em nossa mente, tanto nas mentes individuais, como na mente social e cultural. São frutos da negação do sagrado que é nosso corpo, que merece cuidados constantes. A falta de respeito a nosso corpo por excessos de toda ordem – de trabalho, de preocupações, de alimentação invasiva, de drogas de toda ordem, supera em muito os avanços tecnológicos na medicina, na nutrição etc. E, mais que tudo, o total descuido que temos com a poluição mental, filmes, programas carregados de preconceitos, músicas de baixo calão, a violência reinando em todos os níveis – desde as famílias, relações humanas e guerras.

Precisamos desenvolver mais atividades pedagógicas para formação de lideranças mais comprometidas com a ética da vida e da construção de formas de convivência pacífica e construtiva. Não basta trocar os líderes. Temos que trocar o jeito de ser gestores e líderes.

Já existe bastante teoria a respeito, principalmente resultante do encontro civilizatório do Ocidente com o Oriente. Essa riqueza bibliográfica e vivencial de um novo modo de enxergar a vida em todos os seus aspectos precisa ser mais difundida. David Bohm, nosso mentor neste curto texto, cientista formado nos mais renomados centros acadêmicos do Ocidente, buscou essa síntese, o que pode ser observado em seus Diálogos com Krishnamurti e Dalai Lama, grandes mestres da cosmovisão oriental.

Precisamos muito, mas muito mesmo, de líderes com mente aberta, conscientes de sua importância na criação de novas formas de convivência humana. Líderes respeitando e promovendo saúde física e mental em seu meio. E líderes que promovam novos líderes, mais gente que se engaje nesta fantástica caminhada do ser humano, com "mente sã em corpo são".

O tema que desenvolvi na monografia de conclusão do Curso de Especialização em Naturologia Aplicada, na Unisul – "A relação da Prática do

Yoga em Favor da Saúde Integral", em 1999, mostrava o Yoga como uma alternativa viável ao cultivo da saúde integral, pois, acompanhando a definição American Holistic Medical Association que vimos acima, a Yoga atende as três unidades no ser humano: corpo, mente e espírito, fazendo a integração para o desenvolvimento do equilíbrio do ser humano como um todo, gerando a saúde integral em favor de uma melhor qualidade de vida. Podemos dizer que a prática do Yoga e de outros exercícios com essa característica de integralidade está em sintonia com o Holomovimento ou Tensor do Universo e da Vida.

Esse estado de equilíbrio irá favorecer o ambiente natural, cósmico e social no qual o ser humano está inserido.

Lideranças centradas, exalando saúde física, mental e espiritual, e cultivando uma cosmovisão ampliada, criarão à sua volta ambientes mais alegres, produtivos, isomórficos com as leis da vida e da convivência humana.

Referências bibliográficas

BESANT, A. **Yoga Ciência da Vida Espiritual**.Trad. Cinira Riedel de Figueiredo. São Paulo: Pensamento, s. d.

BOHM, D. **A Totalidade e a Ordem Implicada**. São Paulo: Cultrix, 1992.

BONTEMPO, M. **Medicina Natural**. São Paulo: Nova Cultural, 1994.

BRATMAN, S. **Medicina Alternativa**. São Paulo: Campus, 1997.

_____. **Medicina Holística** – A Harmonia do Ser Humano. São Paulo: Campus, 1998.

CAPRA, F. **O Tao da Física**. São Paulo: Cultrix, 1983.

_____. **O Ponto de Mutação**. São Paulo: Cultrix, 1987.

CHOPRA, D. **Saúde Perfeita**. São Paulo: Best Seller, 1990.

DOSSEY, L. **Espaço, Tempo e Medicina**. São Paulo: Cultrix, 1998.

ELIADE, M. **Yoga** - Imortalidade e Liberdade. São Paulo: Palas Athena, 1996.

GERBER, R. **Medicina Vibracional**. São Paulo: Cultrix, 1988.

ORNFIELD, J. **Um Caminho com o Coração**. São Paulo: Cultrix,1997.

SIEGEL, B. S. **Amor, Medicina e Milagres**. São Paulo: Best Seller, 1989.

12

COACHING & MENTORING: UM SALTO QUÂNTICO PARA A LIDERANÇA TRANSFORMACIONAL

Renata Cappi Mariani Oliveira

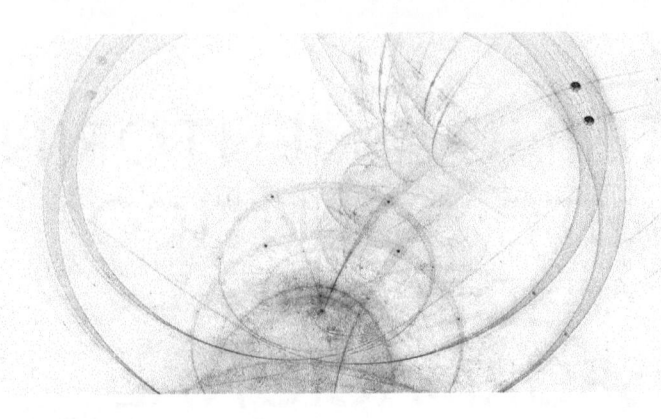

Renata Cappi Mariani Oliveira

Atua na área de Desenvolvimento Humano e Organizacional há mais de 20 anos, com expressiva experiência em processos transformacionais, adquirida em funções de liderança em empresas de diferentes segmentos e em processos de desenvolvimento humano. É *master coach*, com formação Advanced em Mentoring e Coaching Holossistêmico ISOR®. Também é formada em Professional & Self Coaching e Business & Executive Coaching pelo Instituto Brasileiro de Coaching (IBC), com certificação internacional. É psicóloga, psicodramatista, *master* em PNL, consultora comportamental e especialista em Gestão Empresarial e em Gestão de Pessoas.

Atualmente ocupa o cargo de Gerente de Desenvolvimento Humano e Organizacional em empresa de economia mista no estado de Alagoas e também atua como voluntária voluntária em projetos sociais.

(82) 99990-3400
renatacm.mastercoach@gmail.com

Queremos ser protagonistas em nossas vidas. Queremos ser protagonistas nas organizações. Pessoas engajadas, equilibradas, com clareza de propósitos, comprometidas, automotivadas, com senso de pertencimento ao negócio e à vida. Queremos líderes em todos os lugares. Queremos a liderança da transformação e da inspiração em todos os momentos. Afinal, o que queremos do que somos e do que sabemos? O que queremos como protagonistas das nossas histórias? Que consciência temos da influência que exercemos? Qual é o conhecimento que cada indivíduo tem do seu papel como líder? Que tipo de líder estamos formando e nos tornando? Como nos integramos aos sistemas com os quais nos relacionamos? Perguntas simples, respostas complexas e impactos significativos.

Formar ou desenvolver lideranças é algo que se torna cada vez mais complexo a cada dia. Vemos os mercados transformando-se numa velocidade muito alta e novos desafios vão surgindo no mesmo ritmo. Nesse contexto, surgem também as expectativas de múltiplas inteligências e competências, o domínio de habilidades técnicas diversas, de experiências multidisciplinares, entre tantos outros indicadores já tão citados pelos estudiosos do conceito de liderança para o efetivo exercício dessa competência sempre em destaque.

Ao longo de minha trajetória profissional, observo que a identificação das competências de liderança sempre é uma demanda de desenvolvimento em pauta, seja para o indivíduo ou para a organização. É comum observarmos listas de habilidades e competências que são consideradas essenciais a serem desenvolvidas, contudo, nem sempre é dada a devida importância para o contexto no qual serão exercidas. Diante de tais observações reflito que antes de promover mudanças é preciso que o líder compreenda profundamente a cultura na qual está inserido e, principalmente, tenha consciência de si, de seus valores, de seus propósitos, de suas expectativas e das perspectivas de suas escolhas, ou seja, dos caminhos a seguir.

O diálogo entre a personagem Alice e o Gato, no filme "Alice no País das Maravilhas", de Lewis Carroll, produzido por Walt Disney, ilustra muito bem essa reflexão. Alice pergunta ao Gato qual caminho deveria escolher para sair dali, apesar de não saber para onde quer ir. O Gato responde que, se ela não sabe para onde quer ir, então não importa o caminho que vai escolher.

Portanto, se não há escolha de caminho, qualquer caminho serve. Se não há autoconhecimento, não há desenvolvimento. Se não há ampliação da visão, não há transformação. Entendo que esse é o caminho para a liderança: uma escolha consciente para um caminho coerente.

COACHING E O AUTOCONHECIMENTO

Os processos de Coaching & Mentoring, como premissa básica de autoconhecimento para o desenvolvimento e a transformação, tem sido uma estratégia poderosa para potencializar o desenvolvimento humano, o desenvolvimento organizacional e, principalmente, a promoção da *performance* a partir da sabedoria interna e do autoconhecimento, permitindo gerar aprendizados de forma contínua e permanente.

Timothy Gallwey, considerado o "pai do Coaching", no livro "O Jogo Interior de Tênis", apresenta suas experiências bem-sucedidas com a busca da *performance* a partir da sabedoria. Durante seus estudos em Harvard, na década de 1960, foi capitão da equipe de tênis, de onde, tempos depois, tiraria a inspiração para escrever seus livros sobre a metodologia de Coaching.

Em 1970, a partir do seu conhecimento com as práticas da meditação, Gallwey encontrou uma nova forma de conceber o esporte que praticava. Descobriu que para vencer não bastava a ele ou aos demais jogadores serem exímios tecnicamente, mas que antes de tudo precisavam conhecer, dominar suas emoções, sentimentos, medos, limitações, ou seja, saber jogar seu próprio jogo interior (Inner Game).

Alguns anos após adaptar o Inner Game para outras áreas, Gallwey teve a ideia de utilizar o sistema no mundo dos negócios, para desenvolver competências profissionais. Esse trabalho foi desenvolvido em parceria com o esportista britânico John Whitmore. No ano 2000 ele lançou o livro "Inner Game of Work" ("O Jogo Interior no Trabalho"), resumindo o que havia sido desenvolvido até então dentro do Coaching Executivo e do Coaching de Liderança.

Independentemente do contexto abordado, seja esportivo, empresarial ou pessoal, a premissa desse processo proposto por Gallwey é da consciência de si mesmo, ou seja, o entendimento básico é de que ao aquietar a autointerferência, as pessoas tornam-se capazes de aproveitar suas capacidades naturais com maior facilidade, suas potencialidades fluem. O autoconhecimento norteia a busca do autodesenvolvimento, de melhores resultados, das mudanças de paradigmas e das transformações que queremos promover em nossas vidas. Não há desenvolvimento sem autoconhecimento, portanto, não há protagonismo sem autoliderança.

A TEORIA U, A LIDERANÇA E O COACHING & MENTORING

Os primeiros passos da Teoria U nasceram na Holanda, no fim dos anos 1960. Quase 30 anos depois, Otto Scharmer, economista americano e professor do Massachusetts Institute of Technology (MIT), elaborou uma teoria a partir daquela base que podia ser aplicada a qualquer tipo de organização. Ele explicou a metodologia no livro "Teoria U", escrito depois de muitos anos investigando metodologias sobre mudanças. Desenvolveu suas pesquisas ao lado do colega de MIT Peter Senge, um dos maiores *experts* no assunto, autor do livro "A Quinta Disciplina". Os dois eram parte de um grupo de estudiosos que adaptou modelos matemáticos para lidar com problemas de organizações.

A principal ideia era olhar para o todo em vez de dividir as questões em partes isoladas, o chamado pensamento sistêmico. Desenvolveram um conceito que é central para a teoria U, chamado *presencing*. É uma mistura das palavras *presence* (presença) e *sensing* (sentindo). Segundo o Presencing Institute, fundado por Scharmer, a palavra se refere à habilidade de sentir e trazer ao presente o melhor futuro potencial de alguém. Esse entendimento amplia as possibilidades de tomada de consciência para atuação da liderança. A Teoria U é uma metodologia para o aprendizado individual e coletivo, com estímulo ao questionamento, ao entendimento do que já se faz, ao aprofundamento que permite conexão com a intuição e com a geração de *insights* para as situações. A metodologia estimula, por fim, cristalizar a nova visão e elaborar protótipos com as novas ideias a serem testadas, de forma parecida com o que acontece no Design Thinking.

Observa-se que esse processo privilegia a geração da *performance* por meio da sabedoria interna, do autoconhecimento, do despertar das infinitas possibilidades das potencialidades humanas. Nesse contexto, o resultado é uma consequência e não a causa da ação. O resultado flui pela conexão, pela intuição, pelo sentir e manter-se no momento presente e pela sabedoria agora despertada, ou seja, pelo aprendizado gerado para atuação de uma liderança consciente.

A metodologia do Sistema ISOR®, utilizada pelo Instituto Holos, adaptou a moderna Teoria U de Liderança, de Otto Scharmer, e o Presencing, de Peter Senge, ambos instrumentos eficientes na gestão de cenários complexos. Voltado para o desenvolvimento integrado de pessoas e suas organizações, o Sistema ISOR® tem como base o pensamento sistêmico, fundamentos da administração, das ciências e da milenar sabedoria humana, uma metodologia para gerar o autodesenvolvimento e a ampliação da mentalidade e visão.

Das múltiplas formações realizadas com Marcos Wunderlich, presidente do Instinto Holos, tive a oportunidade de aplicar os referenciais científicos do Sistema ISOR® em minhas práticas profissionais e observar a importância de estimular o desenvolvimento de pessoas com base na coerência, transparência e reciprocidade entre visão e ação, fundamentação sustentada pelo Sistema ISOR®. Para Marcos Wunderlich, Coaching, Mentoring e Holomentoring®, são um processo de transferência, de *insights*, de aquisição de uma nova mentalidade. Assim como Wunderlich, entendo que é exatamente a reciprocidade entre a visão e a ação que desperta as infinitas possibilidades da liderança, ou seja, o acesso para um nível de percepção sutil pode ser desenvolvido por qualquer pessoa e em qualquer ambiente, como uma escolha consciente.

LIDERANÇA QUÂNTICA

Para a Física Quântica nosso ingrediente básico é a energia e essa energia está em constante movimento, gerando atividade elétrica. O mundo é pleno de energia, sem energia nada existe. Vivemos um processo dinâmico de troca de energia constante com o universo e com as pessoas, a todo momento estamos enviando e recebendo energia e fazemos isso de forma permanente e, muitas vezes, de forma inconsciente.

Ora, se esse processo é inconsciente, então, não temos governabilidade sobre o tipo de energia que transmitimos e a influência que exercemos no ambiente e nas relações. Por outro lado, se temos a consciência e escolhermos o tipo de energia que projetamos, também determinamos o tipo de energia que recebemos em troca. Isso determina a influência que exercemos nas pessoas e a influência que permitimos que as pessoas exerçam em nós. Tendemos a atrair, com mais frequência, aquilo que projetamos. Você já refletiu sobre o poder que pode ter se tiver consciência de como se conecta com o universo? Já teve consciência da influência que exerce sobre as pessoas? Reconhece a qualidade e o tipo de energia que transmite? E afinal, como tudo isso se relaciona com a liderança?

Liderar é exercer influência sobre os outros, é promover mudanças, é inspirar pessoas, é transformar contextos, é conduzir a objetivos, é promover engajamento. Liderança sem autoconhecimento é navio sem direção. Além disso, é muito importante ter consciência do seu nível de energia, afinal, imagine o tipo de influência que irá exercer se estiver esgotado, com alto nível de *stress*, por exemplo.

Além dos estudos da Física Quântica, que relacionam teorias sobre a consciência humana e o poder do pensamento, pesquisadores da Neurociência e os precursores da Programação Neurolinguística, Richard Bandler e John Glinder, revelaram, na década de 1970, o caminho oculto entre o pensamento e a ação. Desenvolveram um modelo de linguagem que pudesse resultar em mudanças de comportamento e novas programações neurais. Assim, nossos pensamentos exercem influência sobre as nossas emoções, que influenciam nossas ações. Introduzindo a visão da Física Quântica nesse contexto, entende-se que cada ação gerada pela emoção influenciará também nossa energia.

É fácil observar como podemos acostumarmo-nos a alguns padrões de pensamentos, ou seja, crenças ou modelos mentais. *"Eu só terei sucesso se eu trabalhar muito." "Só vou me sentir realizado quando for rico." "Não nasci para ser líder."* Esses são alguns exemplos de afirmações que impedem o fluir da energia, ou seja, bloqueadores de energia. A tomada de consciência desse padrão permite uma ressignificação de tais crenças, gerando uma nova visão sobre a situação, portanto, novos pensamentos.

Vários físicos de renome internacional relacionam os princípios da Física Quântica com as teorias sobre a consciência humana e o poder do pensamento como construtor da realidade. Em suma, a mente humana teria uma capacidade profunda de influenciar na disposição das micropartículas atômicas ao redor das pessoas, do modo como elas se comportam e como elas constroem a realidade de cada indivíduo. Para a Física Quântica, a realidade que observamos depende da nossa percepção. As nossas escolhas perceptivas podem drenar nossa energia ou podem revitalizar-nos. Diante de qualquer situação, podemos ficar bloqueados emocionalmente ou optar conscientemente por sentimentos que mantenham nossa vitalidade e energia. Essa consciência indica o poder e a responsabilidade de cada um sobre seu estado atual e a capacidade de promover mudanças, afinal, à medida que nossas percepções mudam nossos sentimentos também mudam.

É imprescindível que possamos monitorar nosso nível de energia constantemente. Isso exige planejamento, disciplina e autoconhecimento. O que está sob o seu controle? O que você pode fazer para influenciar positivamente seus ambientes e relações? Quais são os seus bloqueadores ou potencializadores de energia?

CONCLUSÃO

A visão quântica é a visão em que o indivíduo, a sociedade e a natureza formam um conjunto dissociável, interdependente e em constante movimento. Não só as partes de cada sistema se encontram no todo, mas é o sistema que, com os princípios e leis que regem o todo, se encontra em todas as partes. A base para a transformação do nosso meio é a visão sistêmica da vida. O salto quântico da liderança somente será possível com a tomada de consciência desse entrelaçamento, integração, totalidade, conexão, consciência cósmica, visão de mundo.

Desenvolvimento é, de forma resumida, fazer melhor do mesmo. Transformação é promover uma mudança. A transformação somente ocorre quando mudamos nossa visão de mundo. O processo de Coaching propõe ações efetivas de desenvolvimento, traz eficácia e eficiência na busca de resultados e o processo de mentoria propõe uma transformação da mente, ou seja, da visão, afinal, toda visão é ampliável.

Albert Einstein citava que os problemas que criamos não podem ser resolvidos com os mesmos pensamentos que os criaram. Essa é a questão mais importante de todo processo de Coaching e Mentoring, ou seja, o despertar do potencial para criação de novos pensamentos, novas visões e, consequentemente, novas soluções. Além disso, o processo de Coaching e Mentoring permite a reciprocidade entre visão e ação, permite o acesso à sabedoria interna, tanto do *coach* quanto do *coachee*. E sabedoria é a nova forma de liderança. E liderança com sabedoria interna gera isomorfismos e permite uma atuação congruente e holística, ou seja, uma atuação quântica.

Referências bibliográficas:
COHEN, D. **A cultura da excelência**.
CAPRA, F. **A teia da vida**.
CAPRA, F.; LUISI, P. L. **A Visão Sistêmica da Vida**.
WUNDERLICH, M.; SITA, M. **Coaching e Mentoring - Foco na Excelência**.
GOSWAMI, A. **Criatividade quântica: Como despertar nosso potencial criativo**.
SCHEIN, E. H. **Cultura Organizacional e Liderança**.
ZUKAV, G. (apud SHELDON, C.). **Gerenciamento quântico: como reestruturar a empresa e a nós usando sete novas habilidades quânticas**.
PARIKH, J. **Intuição: A Nova Fronteira da Administração**.
WUNDERLICH, M.; ROMA, A. **Liderança e espiritualidade**.
O'CONNOR, J. **Manual de Programação Neurolinguística**.
GOSWAMI, A. **O Ativista Quântico**.
SENGE, P.; JAWORSKI, J.; SCHARMER, C. O.; FLOWERS, B. S. **Presença - O propósito humano e o campo do futuro**.
GRINDER, J.; BLANDER, R. **Ressignificando - A Programação Neurolinguística e a Transformação do Significado**.
SCHARMER, C. O. **Teoria U - Como Liderar Pela Percepção e Realização do Futuro Emergente**.

13

O SALTO QUÂNTICO DA LIDERANÇA

Renato Klein

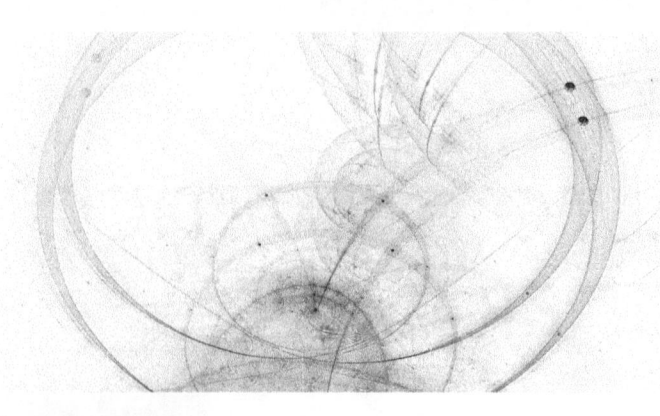

Prof. Renato Klein

Diretor Científico do Instituto Holos de Qualidade, mentalizador e cocriador do Sistema ISOR® de Desenvolvimento de Pessoas e suas Organizações.

Pesquisador científico e pedagógico para aplicação de instrumentais e referenciais para o Desenvolvimento do Ser Humano e da Qualidade de Vida.

Licenciado em Filosofia e História. Especialista em Sociologia e Realidade Brasileira pelo Ibrades-PUC-Rio. Mestrado em Psicologia Social e doutorado em Sociologia das Organizações Complexas, em Ciências Sociais, ambos pela Fesp-USP.

Professor convidado em cursos de pós-graduação *lato sensu* em Coaching, Mentoring e Consultoria Organizacional em diversas universidades.

Palestrante e facilitador em cursos e seminários no Brasil e no Exterior.

O líder já nasce líder? Ou a liderança acontece? Ou é uma conquista pessoal? Quando é que a liderança se manifesta na vida de uma pessoa?

Essas são questões em torno das quais muito se pesquisou, muito se escreveu e as dúvidas continuam. Sem adentrar no mérito de cada proposta, minha opção pessoal em relação a esse assunto é de que um líder acontece. Para acontecer, precisa trazer uma herança biopsíquica propícia, seja de ordem genética, seja por experiências passadas, seja pelas conexões e lições aprendidas no ambiente familiar, comunitário, escolar etc. Mas tudo isso só terá vez se o indivíduo se dispuser a conquistar seu espaço em algum grupo.

• **Líder** é aquele que faz acontecer – não espera acontecer.

• O líder atua sempre sobre um universo de pessoas. E as pessoas estão sempre mudando, seja por força própria (autocondução), seja por pressão externa (heterocondução).

• Líder é aquele que tem o leme e dá rumo às ações do grupo. Um líder faz o grupo caminhar na direção dos objetivos, sejam pessoais (de cada membro do grupo), sejam organizacionais.

Tudo isso é muito bonito. Mas, como o líder se torna líder? O que faz a liderança emergir numa pessoa? Eis a questão. E mais, o líder é líder sempre? Ou em que momentos assume a liderança? Em que momentos/ocasiões ele é liderado?

É aqui que entra esse tal de "salto quântico". O que é que isso tem a ver, perguntarás. Observe o que dizem os físicos quânticos:

"Salto quântico é quando os elétrons se aceleram afastando-se do núcleo e partindo para outra órbita diferente da anterior."

"Na Física Quântica, quando uma partícula que está num determinado nível energético ganha uma quantidade extra de energia, ela salta para um nível mais alto. Esse salto é chamado de salto quântico."

Quer dizer: o salto quântico somente acontece quando um elétron, no interior de um átomo, recebe uma carga extra de energia. É quando ele salta de um nível para outro, de um nível mais baixo para um mais alto, de um nível mais próximo do núcleo para um nível mais afastado do mesmo.

Tem mais um aspecto a ser notado, importante para esta reflexão sobre liderança. Quanto mais próximo estiver do núcleo, maior é a carga de energia que o elétron necessita para saltar de nível. Quanto mais próximo do próton, mais o elétron é atraído pelo núcleo, criando um efeito de blindagem contra os saltos quânticos e assim "exigindo" maior energia para que os saltos sejam realizados e o elétron afaste-se do núcleo. Quanto mais distantes do núcleo estão os elétrons em suas diversas camadas, menos necessitam, proporcionalmente, de energia para saltar para as camadas mais externas.

Vamos tentar começar a responder à pergunta "O que é que isso tem a ver com liderança?" Vou fazer umas extrapolações. Os físicos que me perdoem se minha imaginação der alguns "saltos quânticos" pouco ortodoxos.

Primeiro: somente determinados "elétrons-indivíduos' é que saltam de nível. Não todos. Só os que recebem carga extra de energia. A grande maioria fica retida e, até mesmo, blindada para não escapar do "controle" do núcleo.

Segundo: os elétrons das últimas camadas, as mais distantes do núcleo, necessitam de pouca energia para saltar para as camadas mais externas.

O núcleo aqui pode ser considerado de duas formas:

a) Numa instituição, tal como numa empresa, pode ser o núcleo diretor, onde está o poder de decisão – geralmente pesado, tentando segurar toda a estrutura em suas mãos, com dificuldade de delegar.

b) Prefiro um segundo modo de entender, no contexto do que tenho a dizer: o núcleo é o conjunto de crenças, normas, tradições, traços culturais e familiares que forma o cerne mental dos indivíduos.

Vamos agora olhar a força de blindagem do núcleo diretor em relação à liderança. Se for uma liderança autocrática, impositiva, ela tentará reter junto de si os liderados, não lhes dando espaço próprio. Isso torna um átomo, uma molécula, uma célula, um organismo, uma empresa com estruturas rígidas, onde nada se cria a não ser pela força do núcleo diretor que tudo abarca e controla. Vai haver pouca troca de energia, que não se renovará. Esse ser, no caso uma empresa, que é nosso objetivo, tende a um desgaste entrópico muito grande. Essa liderança autocrática vai absorvendo, aos poucos, toda a energia dos "elétrons-indivíduos" para si, deixando o sistema cada vez mais carente de energia nova, renovadora. Essa será, sem dúvida, uma liderança altamente negativa para uma corporação, seja empresa, família, comunidade etc.

No segundo modo de entender, todos nós temos um "núcleo de poder" dentro de nós, em geral subordinado a todo um conjunto de crenças, normas, costumes. Obrigações que não foram criadas por nós, mas sutilmente introduzidas de fora para atender necessidades secundariamente nossas, mas direcionadas por interesses que não nos dizem respeito prioritariamente: outra vez família, empresas, jogos políticos, igrejas etc. E ali foram instalados detonadores de medo, de dúvida, de ganância, de amor próprio, de vaidades e todo um arsenal sem fim de recursos.

Na verdade, nós não escapamos desse pouco divertido jogo do qual somos os jogadores (às vezes até aparentemente bem pagos), a bola, a torcida (bem manipulada pelas torcidas organizadas a serviço de certos interesses escusos). Mas o juiz não é nada imparcial. Ele foi muito bem treinado para ser nosso complexo de culpa, para nos fazer de vítimas, para lamentarmos ou nos encher de saudades do passado, para nos angustiarmos perante o futuro, para sermos ora nervosos e grosseiros, ora bonzinhos e tímidos.

Conseguiu olhar para dentro de si e sentir esse núcleo estranho que ali está alojado, fazendo de conta que se preocupa com você? Ele não lhe fica prometendo agradáveis momentos de felicidade, às vezes até mesmo um alguém que o torne feliz para sempre? E não o fica ameaçando de perder o emprego, de se encher de dívidas, de ser vítima de ingratidão depois de tudo que você fez? Ou, então, promete a você uma felicidade eterna, se for um bom cumpridor dos mandamentos? Ou lhe deixa um sutil terror do que pode acontecer se deixar de cumprir certas obrigações ditas "espirituais"? É nossa "caixa negra" que nos faz pensar que estamos no caminho certo ou no caminho errado...

Acredito que você e eu, e alguns eleitos mais, fomos preparados para liderar. Ao longo de todo o nosso aprendizado e de nossos exercícios de liderança tivemos sempre que optar. Talvez nem tivéssemos muita noção de que fazíamos essas opções de verdadeiros saltos quânticos:

Opção 1. Podemos construir nossa carreira de liderança de fora para dentro das órbitas dos elétrons-potências, isto é, saltaríamos de órbita em órbita indo em direção ao núcleo. Alimentaríamos em nós e em nossos liderados a necessidade de sermos subservientes para garantirmos nosso "lugar ao sol". Seríamos líderes concentradores, a serviço do núcleo autoritário. Também iríamos prometer dias melhores se todos atendermos o que o núcleo determina. Também ameaçaríamos de perda de emprego, de descontos "legais", de perda de promoção, de troca de turno etc. Na verdade, ganharíamos força à medida que disputássemos espaço mais perto do núcleo, se possível passando outros para trás, sugando energia de quem estiver ao nosso alcance. O clima gerado por tal líder em sua equipe é de medo, revolta contida, desânimo ou necessidade de agradar ao chefe. Olha, desse jeito dá para fazer uma exitosa carreira... egocêntrica! E a missão da organização? Sem problema, a gente melhora o discurso! Quem, na verdade, sai ganhando?

Opção 2. Podemos também construir uma carreira de liderança seguindo a ordem natural dos saltos quânticos: carregando-nos de energia para saltar de órbita para órbita nos distanciando do núcleo diretor e abrindo conexões cada vez mais amplas com outros átomos, outras organizações, expandiríamos o raio de abrangência com ações criativas e renovadoras. É preciso entender uma coisa: isso não acontece por acaso. É preciso um esforço pessoal muito grande para romper a blindagem do forte núcleo interior, do "recheio mental" que nos retém, buscando impedir a conquista de novos espaços. Uma liderança, que chamaríamos de "quântica", acontece progressivamente, à medida que o "elétron-líder" vai carregando-se de energia e dá saltos sucessivos, acumulando experiência entre erros e acertos e ganhando força de confiança que arrasta consigo sua equipe.

Essa liderança (da opção 2) será, sem dúvida, expansiva, pois tudo a sua volta recebe esse influxo sinergético de crescimento, de renovação. A ela se somaria a força de pessoas satisfeitas, num ambiente alegre e construtivo. O líder quântico busca ligar-se aos genuínos impulsos interiores dos membros de sua equipe, sabendo ativar neles a busca de verdadeira evolução como seres humanos, como forças vibrantes e poderosas que os conduzirão a experiências mais ricas, ligações mais isomórficas (autênticas), a mais riso alegre e a expressões humanas mais honestas consigo mesmos e com as pessoas de sua convivência profissional, familiar e social.

Saltos quânticos são pequenas explosões de luz que acontecem na mente das pessoas ou no interior de uma equipe de alta *performance*, à medida que pessoas e a própria equipe vão atingindo uma "massa crítica" que os faz saltar de um nível para outro, trazendo vida nova, novos caminhos, novas formas de fazer, num processo cíclico de transformações, pequenas aqui, grandes ali, que fazem o todo crescer e se expandir.

É aqui, pois, que acontece o salto quântico da liderança. O "líder quântico" está constantemente em busca de meios de carregar seus liderados de energia, seja individualmente, seja em equipe, construindo um clima de satisfação, respeito mútuo e alegria, clima harmonioso e cooperativo.

Essa liderança quântica não pode dormir no ponto. Os núcleos de poder, seja no interior do sistema-organização, pela tentação dos desgastantes jogos de poder, ou no interior da mente, pelas sutis tentações promovidas pelo "recheio mental", tentam controlar essas energias renovadas por meios os mais diversos. Os sistemas, na verdade, precisam sempre de energias novas, pois sentem o peso da entropia (individual ou organizacional). Mas são centros de poder egocêntricos que prometem promoções, contanto que submissos a interesses escusos.

Por isso, o verdadeiro líder "vigia e ora" sempre, isto é, está sempre se cultivando como pessoa, se preciso for buscando reforço numa mentoria que o faça ter os olhos bem abertos, ampliando sua visão e carregando seu próprio núcleo de energia libertadora e integradora. E esse líder precisa ser um verdadeiro *coach* gerador de energia no seio de sua equipe, num constante exercício de recarga energética de cada partícipe e da equipe como um todo. Um líder quântico se torna um multiplicador de líderes, vai tornando sua equipe ao mesmo tempo autogestora e coordenadora, mas também com espírito crítico e inovador, bem como automotivadora e integradora.

14

O RECONHECIMENTO DA LIDERANÇA

Rogério Bohn

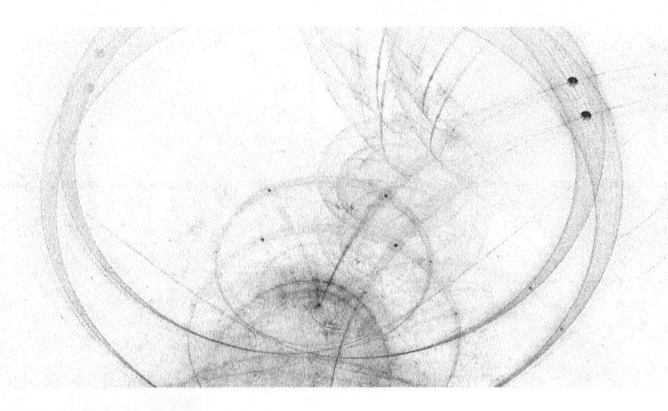

Rogério Bohn

Administrador de Empresas e mestre em Administração, com ênfase em Gestão de Pessoas. Advanced, Master e Professional Coach, formado pelo Instituto Holos. Professor da ESPM-Sul e professor convidado de diversos programas de pós-graduação. Palestrante sobre Coaching, Inovação, Gestão de Pessoas, Gestão Organizacional, Empresas Familiares. Foi presidente da Federação dos Jovens Empresários do Rio Grande do Sul, vice-presidente da Confederação Nacional de Jovens Empresários e vice-presidente do Conselho Regional de Administração do RS. Atuou em projetos com a Organização Internacional do Trabalho e Organização das Nações Unidas, no campo da Responsabilidade Social Empresarial. Possui ampla experiência em coordenação de congressos internacionais e missões acadêmico-empresariais em mais de 15 países. Autor e coautor de diversos livros.

(51) 99982-9425
contato@rogeriobohn.com.br
www.rogeriobohn.com.br
facebook.com/rogeriobohn

Niels Bohr e Max Planck, no longínquo ano de 1913, ainda no milênio passado, trouxeram um conceito revolucionário e controverso para a comunidade científica da época. Demonstraram que no interior de um átomo é possível para um elétron movimentar-se de um ponto situado em uma determinada órbita ao redor do núcleo para outra mais acima ou mais abaixo, sem passar por espaços intermediários. Se fizermos uma analogia, esse conceito é similar à ideia de que uma pessoa pode sair do sétimo andar e chegar ao oitavo, ou sair do oitavo e chegar ao sétimo sem fazer uso de um elevador, ou de uma escada. Simplesmente desaparecendo de um andar e surgindo no outro, sem percorrer nenhum espaço entre esses dois pontos.

Por mais absurdo que possa parecer para nós que habitamos o mundo real, e não o interior de um átomo, o fato é que essa descoberta gerou as bases para que, em 1918, Plank e, em 1922, Bohr fossem agraciados com o Prêmio Nobel de Física, a mais alta honraria concedida a pesquisadores e desbravadores de espaços desconhecidos no mundo da ciência. Os estudos também trouxeram subsídios para muitas pesquisas realizadas por outro grande ícone da Física, Albert Einstein. Desse modo, pode-se perceber que, muito diferente de um conceito de ficção científica, o salto quântico é algo real, concreto e que acontece de fato no mundo subatômico.

Já na última década do século XX, passou-se a utilizar a expressão "Salto Quântico" para caracterizar uma descoberta realmente inovadora, ou para demonstrar que houve um crescimento vertiginoso em algum tipo de processo, de forma repentina. Essa expressão passou a denotar uma expansão rápida no conhecimento, algo que não existia e que passou a existir de forma abrupta.

Várias são as analogias que se podem fazer ao se entender essa forma de perceber o funcionamento dessa ideia. Uma delas diz respeito ao entendimento de um fato ou de um determinado conceito. De forma abrupta, repentina, a pessoa que passa a compreender um determinado assunto sai do obscurantismo com relação àquela ideia para a iluminação do entendimento. A pessoa que não entendia algo passa a perceber o sentido, o contexto, e as coisas fazem-se claras.

Porém uma das analogias mais adequadas que se pode fazer para o conceito do salto quântico é justamente no que se refere à liderança. Existem pessoas que têm uma habilidade inata em serem reconhecidas como líderes de um determinado ambiente ou de um determinado processo. Sem que haja qualquer esforço intenso por parte dessas pessoas, acontece um entendimento dos outros envolvidos de que ela está na condução daquele específico processo e sua voz passa a ter um peso maior, sua visão passa a ser mais respeitada. E isso acontece naturalmente. A pessoa passa de uma condição de apenas um participante de um grupo para um líder, sem espaços intermediários, repentinamente. É um salto quântico. Naturalmente o grupo passa a acolher e respeitar essa pessoa de forma diferenciada; gera-se a condição fundamental para que exista o papel de um líder: os liderados.

Não existe um líder sem que haja pessoas que o reconheçam como tal. Portanto o ponto fundamental para a liderança é exatamente a existência de pessoas que passem a reconhecer alguém como líder, alguém que se respeita, que se percebe, se diferencia dos demais.

É claro que nem sempre ocorre essa imediata condução de uma pessoa para a condição de líder, pelos seus pares. Em muitas oportunidades, senão na maior parte delas, ess transformação não ocorre imediatamente e sequer de forma fácil. A maior parte das pessoas não tem um comportamento ou uma atitude que as façam naturalmente ser reconhecidas como líderes. Esse processo passa a ser mais demorado e baseado em diferentes pontos e formas de atuação. O salto quântico da liderança demora um pouco mais para acontecer.

A forma de buscar esse reconhecimento é objeto de estudo de muitos pesquisadores e estudiosos, mas o exemplo é tido como uma das principais formas de se motivar as pessoas a seguirem seus líderes. O poder de realizar uma tarefa, demonstrando que ela pode ser executada pelos demais, é muito significativo. É uma das formas de se colocar em nível de igualdade com os demais, não procurando demonstrar que está acima de todos, que é melhor do que os outros, ou que aquilo que deve ser feito é uma obrigação dos demais, menos dele mesmo.

O contra-exemplo é também importante. Uma das atitudes mais desmotivadoras e mais destrutivas de imagem e de condição de liderança é justamente não se propor a fazer aquilo que está sendo solicitado aos outros fazerem. Um exemplo prático disso: há alguns anos, participei de uma atividade de consultoria na qual, em um dos momentos, estava sendo implementado o sistema de gestão pela qualidade, e como um dos pontos iniciais estava sendo trabalhado o programa 5S.

Esse programa japonês visa introduzir o conceito da qualidade aos funcionários, e ao mesmo tempo traz benefícios imediatos e concretos, limpando, organizando o setor onde está sendo implantado, fazendo com que haja redução de custos, redução do risco de acidentes e muitos outros pontos de melhoria de gestão. No caso dessa empresa industrial de porte médio, os funcionários foram convocados a trabalhar em um sábado pela manhã para realizar esse "mutirão do 5S". Seria um momento excelente para agregar o grupo, para mobilizar as pessoas, para aproximar os funcionários do seu gestor imediato, todos trabalhando diretamente em um projeto que poderia trazer resultados palpáveis ainda no mesmo dia.

Lamentavelmente, o gestor que convocou os funcionários ao fazer a convocação já informou que ele não participaria daquele "mutirão" porque tinha compromissos familiares. É claro que o assunto deixou de ser o trabalho de implantação do sistema de gestão pela qualidade e do 5S para ser a falta de habilidade e de respeito pelos funcionários, demonstrada pelo gestor. Sua liderança não foi fortalecida, ao contrário, foi um momento em que houve importantes questionamentos sobre o fato de que ele era realmente apenas um "chefe", nunca um líder.

Nessa empresa, o programa não foi beneficiado com o comportamento do gestor em questão, ao contrário. O que aconteceu foi que esse momento de integração e sensibilização para os demais passos dos programas de qualidade acabou não sendo benéfico de forma alguma. O que acabou sendo gerado foi resistência e falta de simpatia pelo trabalho que seguiu.

O líder deve ser capaz de inspirar os seus liderados, independentemente de ter uma condição hierarquicamente superior que lhe dê legitimidade para isso. Não deve ser necessário utilizar-se da condição de "poder" para que as pessoas façam aquilo que é solicitado. O líder que precisa continuamente lembrar que ele é o chefe e que por isso deve ser respeitado realmente é apenas isso. O chefe. A figura do "chefe", com comportamento autoritário e pouco colaborativo, está cada vez sendo menos valorizada, pelos subordinados e pelas organizações.

Muito se fala da forma de relação entre as gerações e o inevitável choque cultural que ocorre quando se tem um gestor que é de uma geração X ou Baby Boomer e que tem como subordinados um conjunto de pessoas da geração Y ou mesmo já da Z. Na verdade, a questão relevante aqui não é a faixa etária dos envolvidos, mas sim a forma de comportamento dos mesmos. É notório que as gerações Y e Z têm uma dificuldade muito grande em acatar qualquer tipo de liderança autoritária, e menos ainda as lideranças que não agem da forma como exigem que seus liderados ajam. Novamente é a questão da liderança pelo exemplo que se apresenta.

Mas o fato é muito mais profundo: não basta o gestor atualmente buscar demonstrar que é possível fazer o que ele está pedindo para que a equipe faça, mesmo que demonstrando isso exaustivamente. As pessoas hoje, de um modo geral, talvez inspiradas por essa dita rebeldia das gerações Y e Z, buscam ver no gestor uma pessoa que lhes explique, que lhes inspire e que em muitos casos lhes convença de que a melhor forma de se agir é como está sendo pedido, e não de outra forma. As novas gerações querem ter sua voz ouvida, querem ser respeitadas, e por isso buscam identificar lideranças que sejam capazes de fazer isso.

Neste mundo das redes sociais, as opiniões estão presentes em cada instante, e a forma de interação entre as gerações e mesmo dentro das gerações varia muito. Mas o que é semelhante em todos é o fato de cultivar o valor pelo respeito como pessoa primeiro, antes mesmo do respeito como profissional.

Mais exemplos? Um cliente que atendi possuía uma gerente que tinha uma dificuldade muito grande em conduzir a sua equipe e afirmava que suas reuniões eram sempre improdutivas e por isso ela evitava fazê-las, apenas informando aos subordinados, pessoas de boa qualificação, experiência e formação, o que deveriam fazer. Resultado disso? Clima organizacional ruim, dificuldade de relacionamento entre a equipe e entre as equipes. Os prazos eram perdidos, a dificuldade de comunicação era constante e cada vez parecia que as coisas estavam tomando um rumo ainda pior.

Não existem soluções mágicas nem formas únicas de se fazer uma interferência em uma situação como essa. Porém, um consultor que vai buscar entender o que está acontecendo certamente tomaria como primeira atitude ouvir as partes envolvidas. Ao fazer isso, tomei conhecimento de que inicialmente as reuniões eram realizadas. Mas que a gestora, que cobrava prazos e respeito à organização por parte dos funcionários, sempre iniciava a reunião muito atrasada. E durante a reunião falava sem parar, não dando espaço para as pessoas expressarem sequer se haviam entendido o que estava sendo solicitado. Mais do que isso, nos raros momentos em que ela não estava ditando as ordens, estava ao telefone, ou falando ou lendo mensagens, pois sempre comentava que era muito ocupada e não tinha tempo a perder. Qual o sentimento que os funcionários tinham em função desse tipo de atitude? Sentiam-se desvalorizados, pela falta de respeito ao horário, pela falta de interesse em ouvir a equipe e pelo fato de serem menos importantes do que a pessoa que estava do outro lado do telefone falando com a gestora.

Contando com o real interesse da gestora em melhorar o clima e em buscar formas de melhorar aquela situação, apresentei um conjunto de ações que acreditei que poderiam trazer benefícios imediatos.

Gradativamente, foi reimplantando-se a rotina de reuniões. Num primeiro momento, entre a gestora e algumas peças importantes e mais antigas dentro do grupo. Reuniões com hora para começar, com hora para terminar e com pauta definida. Posteriormente, as reuniões passaram a envolver mais pessoas, sempre procurando dar um pouco de tempo para ouvir o que estava acontecendo, quais os problemas e qual a visão do grupo sobre a forma de solução. O telefone passou a ser abolido durante a reunião, ficando do lado de fora da sala onde estava sendo conduzida a atividade. Valorização das pessoas que estão ali, interessadas em participar, ouvir, falar. Valorizar e ser valorizado. Ouvir e ser ouvido.

Podem parecer atitudes simples, mas o verdadeiro salto quântico da liderança se dá quando as pessoas se sentem valorizadas, ouvidas, respeitadas. O líder que busca verdadeiramente auxiliar sua equipe, compartilhar seus conhecimentos e aprender com o seu grupo tem a tendência de retroalimentar essa cadeia com um clima positivo, obtendo melhores resultados e tendo melhor crescimento e desenvolvimento do seu grupo.

Isso não torna a liderança mais fraca ou menos reconhecida. Isso na verdade faz com que as pessoas olhem e reconheçam aquela outra pessoa como um ser humano importante e capaz de auxiliá-las a extrair os melhores resultados possíveis. Um verdadeiro líder.

15

REPROGRAMANDO SUA MENTE PARA DAR O SALTO QUÂNTICO

Silmara Regina Carlos

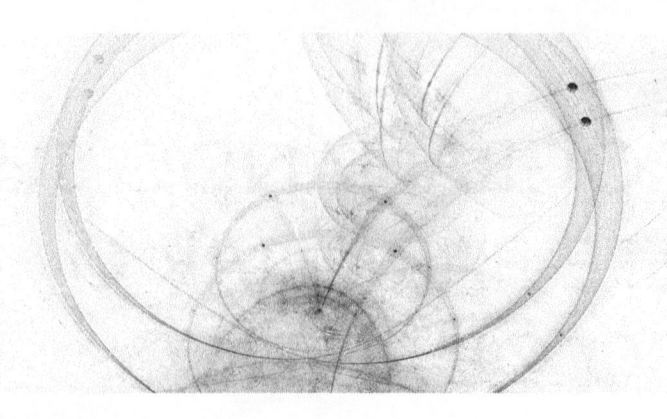

Silmara Regina Carlos

Life Coaching, educadora e empreendedora. Especialista em Gestão de Pessoas pela Universidade Nove de Julho. Graduada em Pedagogia pela Universidade Nove de Julho. Licenciada em Letras pela Universidade Fundação Santo André e formada em Coaching e Mentoring pelo Instituto Holos. Atua no desenvolvimento de pessoas através de treinamentos via cursos, palestras e edição de conteúdos para *blogs*.

(11) 97614-3060
silregcar@gmail.com
www.clickidealequilibrio.com.br
www.facebook.com/CLICKIDEAL.com.br/

Dar um salto quântico na mente é você ultrapassar barreiras e se ver diante de um mundo de possibilidades, o qual nunca imaginou existir. É passar a ver o mundo de forma diferente. Uma mudança de realidade. O universo e a consciência estão relacionados um com o outro, da mesma maneira que o corpo e a mente estão relacionados um com o outro. (KAFATOS, 1998 b). No entanto, a mente altera a matéria e cria realidades.

Na Física, "o chamado salto quântico acontece quando se excita o átomo, ou seja, dá-se energia a ele. Os movimentos dos elétrons se aceleram, ganhando energia, e distanciando-se dos núcleos. Esse afastamento dos núcleos acontece aos saltos, saltando do nível 1 para 2 no primeiro salto, de 2 para 4 no segundo salto etc..."

Somos cocriadores do universo, estamos nos lugares e situações em que nós mesmos nos colocamos. Estamos hoje criando nosso futuro e isso começa no pensamento. Salto quântico se refere a pequenas explosões de luz que acontecem dentro da sua mente. Alguns chamam de *"insights"*, que vêm para transformar sua vida completamente.

Um salto quântico de partículas é o movimento de um objeto de um lugar para o outro sem percorrer o espaço que os separa. Quando uma partícula que está num determinado nível energético ganha uma quantidade extrema de energia, ela salta para um nível mais alto. Um salto quântico de consciência é uma mudança de percepção da nossa realidade, ação fundamental para nossa felicidade e progresso na vida. Einstein também dizia: "Loucura é fazer hoje o mesmo que se fez ontem e querer que o amanhã seja diferente". Para recriarmos nossa vida, precisamos fazer uso dessa descontinuidade quântica.

Os próprios átomos de nosso corpo, muitos estudiosos afirmam, estão o tempo todo desaparecendo e reaparecendo. Porém, o fazem em uma velocidade tão grande que não o percebemos com nossos limitados olhos. E é aí que entendemos a "fragilidade" da solidez da matéria, conceito esse que sempre nos venderam de forma equivocada desde nossos mais tenros estudos escolares. Tal fato nos permite começar a abrir os olhos para outras realidades que mudarão nossas vidas e nosso jeito de pensar.

Assim como o elétron precisa receber energia para dar seu salto, nós também precisamos recebê-la para dar o nosso. O que às vezes não nos damos conta é que todos os dias recebemos boas energias, ideias, convites, acasos, diferentes pensamentos de amigos, familiares e desconhecidos. Oportunidades essas que, se aceitas pelo nosso ego (que insiste em ficar olhando apenas para o núcleo ao redor do qual gira), nos ajudariam a expandir a nossa consciência. Passaríamos a enxergar novos horizontes e mudar nossos padrões mentais, dando-nos força e embasamento para, afinal, construirmos nossos sonhos e desejos.

A maneira como vemos o mundo está diretamente ligada à cultura em que fomos criados ou estamos inseridos. Nossa cosmovisão tem relação com os nossos pressupostos, e esses, por sua vez, influenciam radicalmente todos os aspectos comuns da vida: padrões de pensamentos, comportamentos, relacionamentos e até a maneira como lideramos.

O melhor caminho para o desenvolvimento pessoal do líder é continuar aprendendo ao longo da vida, tendo a mente e o coração abertos para novos conhecimentos e conceitos. Não advogo que o líder deve abandonar uma cosmovisão que foi construída ao longo da vida, isso é impossível. Mas é preciso estar disposto a aprender e a reaprender, mudar de opinião e adotar o novo em muitas situações no desenvolvimento da liderança.

Na verdade, o ser humano tem dentro de si um número infinito de recursos, mas na sua luta pela sobrevivência o homem tem utilizado, fundamentalmente, dois processos apenas, que podem ser exemplificados pelo episódio de um rei persa e de um menino holandês.

Ao se aproximar de um braço de mar com seu exército, Xerxes olhou através do Helesponto, e perguntou: "Como poderei atravessá-lo com meus soldados?" Ordenou, então, aos generais que construíssem uma ponte com barcos, e eles obedeceram. Porém, quando a ponte ficou pronta, desabou uma tempestade que a transformou em pedaços de madeiras flutuantes. Num ataque de raiva, Xerxes ordenou aos escravos que aplicassem 300 chibatadas no mar.

Ele não conseguiu atravessar e mandou executar também os supervisores que haviam dirigido a construção.

"Tolo é aquele que naufragou seus navios duas vezes e continua culpando o mar." - Publilus Syrus.

Era realmente um impasse, um homem contra o mar, e ele fracassou completamente.

Relembramos agora aquele menino holandês que conseguiu triunfar sobre o mar, colocando o dedo no buraco de um dique. Alguém poderia pensar que qualquer um seria capaz de igualar aquele menino em heroísmo: bastaria estar presente quando o dique começou a vazar e possuir dedos. Mas na verdade algo mais importante foi necessário nesse caso, uma outra peça do equipamento mental, que nem sempre está à disposição das pessoas: a capacidade de pensar de uma nova maneira, de estabelecer associações. E isso exige presença de espírito, criatividade, além de dedos!

Xerxes enfrentou o problema encolerizado. E isso o impediu de compreender a natureza de suas dificuldades. Mas evidente que ele não estava disposto a considerar as **relações** entre os fatos e muito menos **novas opções**. Porém aquele menino holandês conseguiu ver o problema sob um novo ângulo e perceber a relação entre seu dedo e o furo no dique. Ao se abrir para novas opções, ele foi capaz de relacionar fatos diferentes de uma forma que os tornava úteis às suas finalidades.

De um modo ou de outro, todos os dias nós lutamos contra nossos problemas e limitações. Alguns usam o método do rei Xerxes e outros, o do menino holandês.

Há várias maneiras de fazermos as coisas. Tudo vai depender de nossas escolhas no momento. O que ocorre é que as pessoas estão sempre fazendo as melhores opções que existem ou de que têm conhecimento dentro do seu modelo particular de realidade. O que significa que o comportamento dos seres humanos, não importa o quanto possa parecer bizarro à primeira vista, tem sentido quando é visto no contexto das escolhas geradas por seu modelo. E quando isso não funciona, o problema não é estar fazendo uma escolha errada, mas possivelmente não ter escolhas em número suficiente, em função de um modelo muito empobrecido do mundo.

SUPERANDO SEUS LIMITES E SALTANDO PARA O PRÓXIMO NÍVEL

Para dar um salto quântico e viver de forma criativa, você deve literalmente provocar uma descontinuidade na sua existência. Porém um dos mais fortes obstáculos está na nossa mente, que funciona de uma forma linear, como um algoritmo, ou seja, o sequenciamento lógico. Por esse motivo, sentimos dificuldade em aceitar a possibilidade do pulo do nível A para o C, sem antes passarmos pelo B. Nós fomos catequizados por uma cadeia de informações de muitos anos e até mesmo de vidas pretéritas que nos mantêm presos no modo linear, nossa mente está voltada para o modo cerebral.

O processo de viver de uma forma mais criativa pede que você quebre o sequenciamento algoritmo e se desvencilhe de uma série de coisas, que o mantêm no nível de funcionamento do ser humano basal, que é a média. E comece a desenvolver novos conceitos, os quais, de primeiro impacto, provocarão em você o medo, pois o seu cérebro desconhece esses novos comandos.

A nossa realidade é o reflexo do nosso modelo. Se seu modelo é X, então a sua realidade será X. Ao apegar-se no contexto X e posteriormente querer obter o contexto Y, perceberá que o seu apego será antítese da sua própria tese de querer algo. E para dar o salto é preciso soltar esse apego do X.

O princípio da mecânica quântica diz que todo universo está intimamente ligado a um princípio que nos amedronta que é a incerteza. Só que a incerteza não do risco, mas de que tudo é possível e de que nada está certo, logo determinado. A base de todo universo é a liberdade. Portanto no íntimo da matéria a mecânica quântica é toda coordenada por felicidade. O coração da mecânica quântica é a felicidade.

A controvérsia é uma consciência querendo expandir, viver livremente tudo, mas, de repente, é reprimida por um conjunto de ideias repressoras, baseadas em dor, sofrimento e esforço. Recheada de condicionamentos e hábitos que querem exercer o controle. Gerando na gente a insegurança.

Quem coordena o cérebro é a sua consciência. Quando você muda seus paradigmas e relaxa, passa a ter a total confiança e, dessa maneira, consegue mudar a sua programação. Destrói o "eu" controlador e sobressai o livre. Por isso é muito importante relaxar o cérebro para acionar todo o processo que irá liberar uma circulação de um grupo de partículas chamadas de neurotransmissores, são eles que criam um impulso quântico em você para saltar.

A **dopamina, serotonina, oxitocina** e **endorfina** formam o quarteto responsável pela nossa felicidade. Muitos eventos podem desencadear esses neurotransmissores, mas, ao invés de estar no banco do passageiro, existem maneiras através das quais podemos intencionalmente fazê-los fluir. Sentirmo-nos bem tem impacto significativo sobre a nossa motivação, produtividade e bem-estar. Nenhuma pessoa sã manifestaria oposição em ter níveis mais elevados nessas áreas.

Aqui estão algumas maneiras simples de invadirmos nossos neuroquímicos positivos:

Dopamina: motiva-nos a agir em direção a metas, desejos e necessidades, e nos dá uma onda de prazer quando conseguimos. Procrastinação, autodúvida e falta de entusiasmo estão ligadas a baixos níveis de dopamina. Estudos em ratos mostraram que aqueles com baixos níveis de dopamina sempre optam por uma opção fácil de alimentação, e muitas vezes de menores quantidades; aqueles com níveis mais altos faziam o esforço necessário para receber o dobro da quantidade de alimento.

Divida grandes objetivos em pequenos pedaços: ao invés de permitir que seu cérebro comemore apenas quando você bate a linha de chegada, você pode criar uma série de pequenas linhas de chegadas, para liberar dopamina. Se você for um empregador e líder, reconheça as realizações de sua equipe enviando aos funcionários um *e-mail*, ou dando um bônus, isso lhes permitirá ter um aumento de dopamina e consequentemente aumentarão sua motivação e produtividade.

Serotonina: flui quando você se sente importante. Solidão e depressão aparecem quando a serotonina está ausente. É uma das razões pelas quais as pessoas se juntam a gangues e atividades criminosas. Essas práticas facilitam a liberação de serotonina. Refletir sobre suas últimas conquistas significativas permite ao cérebro reviver a experiência. Nosso cérebro tem dificuldade em distinguir entre o que é real e imaginado, por isso, produz serotonina em ambos os casos. É outra razão pela qual as práticas de gratidão são populares. Elas nos lembram que somos valorizados e que temos muito na vida para valorizarmos. Se você precisa de um impulso de serotonina durante um dia estressante, dedique alguns minutos para refletir sobre realizações passadas.

Oxitocina: ela cria intimidade, confiança e constrói relacionamentos saudáveis. É liberada por homens e mulheres durante o orgasmo, e pelas mães durante o parto e amamentação. Animais irão rejeitar sua prole se a liberação de oxitocina for bloqueada. A oxitocina aumenta a fidelidade. O cultivo de oxitocina é essencial para a criação de laços fortes e melhores interações sociais.

Muitas vezes referida como o hormônio do afago, uma maneira simples de manter a oxitocina fluindo é dar um abraço em alguém. Quando alguém recebe um presente, o seu nível de oxitocina sobe.

Endorfinas: são liberadas em resposta a dor e *stress*, e ajudam a aliviar a ansiedade e depressão. Semelhante à morfina, a endorfina age como um analgésico e sedativo, diminuindo a nossa percepção da dor. Junto com o exercício regular, o riso é uma das maneiras mais fáceis de induzir a liberação de endorfina. Mesmo a antecipação e expectativa de riso, por exemplo, assistir a um *show* de comédia, aumenta os níveis de endorfinas. Manter o seu senso de humor no trabalho, encaminhando *e-mails* engraçados, e encontrando várias coisas para rir durante o dia, são ótimas maneiras de manter o médico longe.

Quando essa química circula corretamente em seu cérebro, você dá espaço para um novo nível de consciência começar a atuar. E ela passará a escolher por você aquilo que irá realizá-lo. Tudo de que você se liberta passa a ter domínio e poder de atrair. Isso irá contrair e relaxar você.

Não é suficiente estar livre de doenças no corpo. É preciso olhar para a totalidade da saúde. A mente tem que estar calma e pacífica. A memória precisa estar livre de traumas e cicatrizes. As emoções precisam estar centradas. O intelecto, livre de julgamentos e do ego. Se tudo isso não estiver ali, então falta saúde. É preciso enxergar a própria vida de um contexto mais amplo para realmente ser saudável por dentro e por fora.

Termino o capítulo convidando você, leitor (a), a revisitar a sua história profissional, seus adjetivos, seus valores e suas crenças. Entendendo que tanto o sucesso pessoal quanto o profissional dependem diretamente de sua preparação mental, bem mais que do seu condicionamento físico. Você precisa preparar e programar o seu cérebro para ter sucesso.

Referências bibliográficas

FRAZÃO, H. Palestra: O segredo do Salto Quântico.

SOUZA, F. A Física das possibilidades: O mundo quântico. Disponível em: http://www.vocevencedor.com.br.

CHUNG, T. A Qualidade começa em mim. Manual neurolinguístico de liderança e comunicação. 3. ed. Editora Maltese, 1995.

http://www.danielkaltenbach.com/textos/a-sabedoria-do-salto-quantico-sua-vida-nunca-mais-sera-a-mesma/

16

O TRIPÉ DA BOA FORMA INTERIOR – LIDERANDO A SI MESMO

Tiago Gomes de Mattos

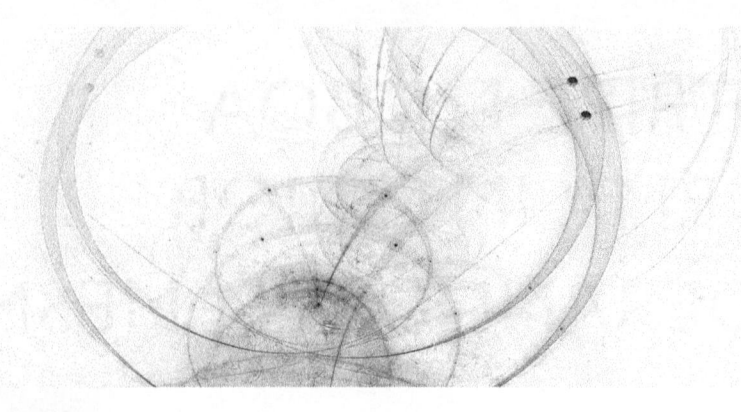

Tiago Gomes de Mattos

Fisioterapeuta (PUC-RS); especialista em Saúde Pública (Fava); terapeuta Manual e Postural (Escola Internacional de Terapia Manual e Postural); formação em Rehab Pilates (*hybrido*), Método Polestar (PhysioPilates Educação); hipnólogo (Escola Illuminata Brasil); Coach em Saúde e Qualidade de Vida (Instituto Holos); escritor, palestrante.

(67) 98131-5448

tiagogmattos@gmail.com

A liderança é uma postura, uma atitude perante um grupo ou pessoa direcionando-os em busca de um objetivo. Em todos os níveis e esferas sociais deparamo-nos com líderes, sejam eles por natureza ou por cargo, muitos são líderes sem saber, instintivos, líderes natos, já outros assumem a posição de líder por aclamação ou necessidade, no seu ambiente profissional ou familiar. Observando esses ambientes encontramos excelentes líderes, que estudaram, se prepararam e assumiram a responsabilidade de orientar os outros. Mas será que mesmo sendo um grande profissional, um excelente gerente de uma rede de lojas, uma diretora de sucesso em uma multinacional, um elogiável pai de família ou uma mãe maravilhosa essas pessoas sabem liderar a si mesmas?

Infelizmente, na grande maioria das vezes a resposta é não.

Muitas pessoas ficam focadas no mundo exterior, nos seus afazeres diários e nos grupos que lideram e esquecem-se de orientar a si mesmas para que possam viver de forma plena, equilibrada e saudável. Para aprofundarmos a análise da liderança de nós mesmos buscando fortalecer as bases para a manifestação dos comportamentos é necessário primeiramente uma análise de como se relacionam mente e corpo.

MENTE E CORPO

A relação da mente e do corpo é direta e inevitável, um influencia o outro de forma constante e direta. O corpo é a manifestação da mente e do espírito na terra, a mente projeta e realiza através do corpo, portanto, nada mais natural que relacionarmos com a mente todos os estímulos que recebemos fisicamente para assim entendermos como podemos estruturar o "ser" para assim desenvolvermos uma liderança mais positiva.

Primeiramente vamos analisar como o corpo expressa os sentimentos e as reações mentais. Você já ouviu falar em somatização? Somatizar é manifestar através do corpo os conflitos mentais. Por exemplo: você tem dores no pescoço?

A maioria dos casos de cervicalgia (dor na região do pescoço) não está relacionada com patologias como artrose ou hérnia de disco, mas com alterações mentais.

Quando alguém tem um momento de estresse, causado por ansiedade, preocupação, medo, irritação ou qualquer outro sentimento negativo, inicia-se uma resposta fisiológica automática de estresse. Esse mecanismo é um instinto de sobrevivência que todo ser humano tem e lida diariamente com ele. O ser humano tem como base para suas funções vitais comandos que são modulados pelo sistema nervoso autônomo, que é dividido em sistema nervoso simpático e sistema nervoso parassimpático. Eles funcionam automaticamente e de forma inconsciente mantendo o equilíbrio das funções do corpo humano, como o batimento cardíaco, a pressão arterial, a respiração, o funcionamento do intestino e dos órgãos de forma geral. O sistema nervoso simpático está relacionado com o hormônio adrenalina, enquanto o sistema nervoso parassimpático está relacionado com o hormônio acetilcolina. De forma geral, um corrige os excessos do outro para manter-se o equilíbrio das funções.

A partir de um conflito mental é disparado um mecanismo comandado pelo sistema nervoso simpático, a adrenalina entra em ação aumentando o batimento cardíaco, a pressão arterial e a frequência respiratória, além de aumentar a tensão da musculatura global. Essa é uma reação primitiva que, em tempos remotos, era altamente necessária para a sobrevivência humana. É claro que não somos mais seres primitivos em busca do alimento e da sobrevivência em um ambiente inóspito, não entramos em confronto físico ou saímos correndo em qualquer situação, pois aprendemos a dimensionar os riscos e controlar nossas reações, mesmo assim as respostas fisiológicas de preparação para o combate físico ou a fuga da situação acontecem da mesma forma e nosso corpo expressa esses estímulos de várias maneiras.

No caso da região do pescoço e ombros nós encontramos um número muito grande de terminações nervosas simpáticas, assim deixando esses músculos mais sensíveis para um aumento de tensão muscular em caso de sentimentos que levam ao aumento do estresse.

Mas o estresse não é de todo ruim, pois, apesar de disparar o instinto de luta e fuga, também é responsável pelo aumento da atenção, concentração e preparação para um evento. Ou seja, o estresse é um mecanismo automático que pode ser benéfico desde que dosado e bem direcionado.

O problema surge quando uma pessoa tem eventos frequentes de estresse, mantendo as reações físicas por muito tempo e sem desestressar na mesma medida, criando um ambiente propício para o desenvolvimento de dores musculares e disfunções dos órgãos.

Caso isso aconteça, a pessoa tende a desenvolver padrões comportamentais negativos tais como ansiedade, irritabilidade, intolerância e dificuldade para dormir, além do aumento da acidez estomacal e alterações intestinais.

Bem, não há como negar que vivemos em uma sociedade altamente estressante, com trânsito caótico, aglomeração nos transportes públicos, índices altos de violência, pressão por resultados no trabalho, busca incessante por aquisição de bens materiais e excesso de informação através das mídias e redes sociais, mas a boa notícia é que há sim como dosarmos tudo isso para que possamos viver de forma mais equilibrada. O que precisamos é investir na base, algo que podemos chamar de tripé da boa forma interior: Comer Bem, Dormir Bem e Treinar Bem.

A base de compreensão para isso é fisiológica, como expliquei anteriormente, o corpo reage fisiologicamente às reações mentais e da mesma forma podemos promover fisicamente uma influência positiva para a mente. A mente influenciando o corpo e o corpo influenciando a mente.

ATIVIDADE FÍSICA

Quando uma pessoa está em um nível de estresse muito alto, irritada e ansiosa e tem uma prática de atividade física adequada, ela tem descargas hormonais positivas que trazem bem-estar e prazer, além do relaxamento muscular. Mas não são somente os processos hormonais que promovem isso. Quando essa pessoa está em nível de estresse alto em razão de conflitos diários, ela carrega-se com energia negativa, a sua vibração é baixa e a necessidade é de mudança energética. Ao praticar atividade física a pessoa descarrega aquela energia negativa e em função do ambiente positivo e dos processos hormonais ela irá recarregar-se com energia positiva.

Além disso, preparando seu corpo e criando uma estrutura muscular adequada para realizar suas atividades diárias, sejam elas quais forem, seja para atuar como dona de casa que lava, passa e cuida dos filhos, como contadora que passa o dia sentada em frente do computador ou como um gari que tem de correr quilômetros carregando e jogando sacos de lixo na caçamba de um caminhão, os riscos de sentir dores em razão do excesso de estresse acabam por tornar-se menores.

Os benefícios da atividade física são facilmente notados. Em pessoas sedentárias, por exemplo, quando iniciam a prática de atividade física frequente, podemos observar a mudança na sua postura, na autoconfiança e no equilíbrio.

Portanto a dica é: procure uma atividade física com que você melhor se adapte e crie uma rotina de exercícios, assim seu corpo se tornará melhor preparado para enfrentar o dia a dia e um veículo melhor para sua mente manifestar-se.

O SONO

Para entendermos como a relação com o sono funciona podemos iniciar fazendo alguns questionamentos.

Você tem insônia? Acorda durante a noite e tem dificuldades para dormir novamente? Dorme durante oito horas ou mais e mesmo assim se sente cansado/a? Pois bem, isso acontece pelo excesso de estímulos mentais.

Mais uma vez analisando fisiologicamente, o corpo precisa do sono profundo para reidratar-se, repor energia, reconstituir células e, além disso, a mente precisa descansar para constituir pensamentos equilibrados. Experimente passar dois dias sem dormir e observe como ficará seu humor, sua vitalidade e seu poder de raciocínio. É simples, todos devemos ter um sono adequado, mas não há uma regra em se tratando de horas de sono, assim como existem pessoas que precisam de oito horas de sono, tem aquelas que com cinco ou seis horas ficam muito bem. Cada um deve sentir seu corpo, perceber suas necessidades e identificar quantas horas são necessárias para repor as energias e iniciar um novo dia.

Mas as dificuldades relacionadas ao sono são muito frequentes e em meu consultório deparo-me com muitos casos de pessoas que referem dor física em que a origem está em um sono não reparador.

A maioria das pessoas que tem insônia relata que ao deitar para dormir começa a pensar nos afazeres do dia seguinte ou nas preocupações com possíveis acontecimentos com familiares, amigos ou com elas mesmas, preocupações criadas apenas por sua mente insegura.

Aquela pessoa que se deita para dormir com a certeza de que está organizada e preparada para o outro dia fecha os olhos e naturalmente adormece sem dificuldades, com a mente tranquila pronta para adentrar ao mundo dos sonhos e do sono reparador.

Entendamos então que a mente, por mais que tentemos esconder nossos conflitos internos varrendo-os para baixo do tapete, escondendo nossas incompreensões no fundo da nossa psique, acaba provocando uma expressão física, dando-nos sinais, oferecendo-nos alertas para que possamos ter a oportunidade de corrigir as nossas imperfeições, polindo as arestas e assim podermo-nos tornar líderes melhores.

A seguir algumas dicas para dormirmos melhor.

1- Uma a duas horas antes de deitar não veja televisão, nem utilize *smartphone* ou computador. Esses aparelhos, em razão das luzes e imagens, hiperestimulam a mente, sendo mais difícil desligar-se e relaxar.

2- Faça uma lista do que você precisa fazer no outro dia. Confie na lista e ao deitar-se não pense no que você precisa fazer no outro dia.

3- Tenha pensamentos monótonos. Isso mesmo, monótonos! Sabe a história de contar carneirinhos? Essa é uma estratégia para desligar-se de preocupações e assim conseguir relaxar. Caso você não goste de contar carneirinhos, pode imaginar que está em um lugar paradisíaco com as pessoas que você gostaria, pense em cada detalhe do lugar, as cores, a luz, as roupas e tudo mais.

Essas simples dicas são capazes de auxiliar qualquer um a ter uma noite de sono mais tranquila e reparadora. Mas lembre-se de que o resultado é acumulativo e que a prática diária é que dará os melhores resultados.

ALIMENTAÇÃO

Culturalmente a alimentação sempre foi, além de satisfazer as necessidades básicas, um momento de interação pessoal, mesmo o homem primitivo que caçava ao final do dia sentava-se em frente do fogo para dividir sua conquista interagindo com os membros de seu bando.

Milênios se passaram e continuamos a utilizar o alimento como meio agregador, com certeza a maioria das pessoas já foi convidada para tomar um café na casa de alguém, uma janta com amigos ou até mesmo aquele churrasco de domingo.

O grande problema relacionado à alimentação não é o "cafezinho", a "jantinha" ou o "churrasquinho", o maior problema é o consumo de alimentos ultraprocessados que contêm ingredientes os quais, ao lermos o rótulo, nem sabemos o que são, e o hábito de alimentar-se em excesso ao invés de prezarmos pela qualidade, criando uma rotina de grandes riscos para a saúde física e, consequentemente, mental.

Não é novidade que uma má alimentação e o acúmulo de gordura corporal podem ser responsáveis por problemas cardíacos, na coluna, joelhos e tantos outros. Mas na grande maioria das análises da alimentação pouco se fala sobre o alimento em si provocando uma resposta mental, contudo, a má alimentação também pode ser a origem de alterações mentais importantes, como veremos a seguir.

Alguns alimentos utilizados para a perda de peso, como os famosos aceleradores de metabolismo, capazes de aumentar o gasto calórico e diminuir gordura corporal, também são capazes de influenciar negativamente o comportamento, eles provocam uma hiperestimulação mental, podendo aumentar a ansiedade e suas reações, além de poder provocar tontura, dor de cabeça e insônia, entre outros problemas.

Além disso, estudos recentes mostram que o consumo excessivo de açúcar aumenta consideravelmente o risco de depressão, sendo também uma substância altamente viciante, com seus efeitos sendo comparados com os provocados por drogas pesadas.

Sendo assim, optando por uma alimentação com pouco açúcar, poucas doses de alimentos estimulantes e menos calóricos conseguimos manter o corpo e a mente fisiologicamente mais equilibrados.

CONCLUINDO

Percebemos com essa análise que a mente é influenciada de várias formas pelo funcionamento do corpo e que, quando mantemos um corpo saudável, criamos um meio positivo para o desenvolvimento de uma mente equilibrada. Mas, para que isso aconteça, é necessária a prática da autoliderança orientando os hábitos de vida, assim despertamos a inteligência do próprio organismo, o corpo deixa de ser esperto e passa a ser inteligente.

Portanto lidere a si mesmo, oriente seus comportamentos para que tenha hábitos de vida mais saudáveis, honre seu corpo e fortaleça sua mente para, dessa forma, tornar-se um líder cada vez melhor.

Referências bibliográficas

PEASE, Allan e Barbara (2005). **Desvendando os Segredos da Linguagem Corporal.** Rio de Janeiro, RJ: Editora Sextante.

PEASE, Allan e Barbara (2013). **A linguagem corporal no trabalho.** Rio de Janeiro, RJ: Editora Sextante.

WEISSMAN, K. **O Hipnotismo.** Editora Martins.

AIRES, M. de M. (1999). **Fisiologia Humana.** 2. ed. Rio de Janeiro, RJ: Editora Guanabara Koogan.

CAPRA, F. **O Tao da Física** - um paralelo entre a física moderna e o misticismo oriental. São Paulo, SP: Editora Cultrix, 1983.

COBRA, N. **A Semente da Vitória.** 92. ed. São Paulo, SP: Editora Senac, 2008.

GALLAHUE, D. L. **Compreendendo o desenvolvimento motor**: bebês, crianças, adolescentes e adultos. 3. ed. São Paulo, SP: Editora Phorte.

17

LIDERANÇA HOLÍSTICO-SISTÊMICA E SABEDORIA

Vera Silva

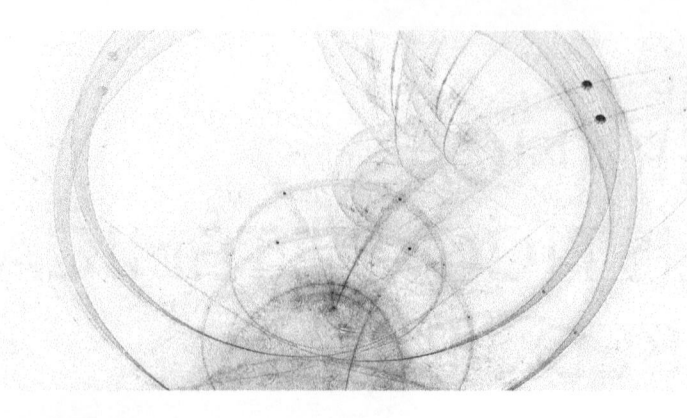

Vera Silva

Consultora em Desenvolvimento Humano e Organizacional; especialista em Intervenções em Psicologia Social e Comunitária; graduada em Gestão de RH, Técnica Contábil e Magistério. Mais de 30 anos de atuação em gestão. Master Mentoring, Coaching & Holomentoring (Teams, Leadership & Executive) e em Coaching e Mentoring (Professional, Self & Life Coaching) - ISOR/HOLOS/ICF; The Coaching Clinic - Corporate Coach U; analista comportamental DISC; colunista; autora do livro "Da Revolução Industrial à Gestão com Pessoas e Coaching".
Gente que gosta de gente.

(81) 99980-2609
(81) 98488-1983
verha.sylva@gmail.com
verasilva.mastercoach@gmail.com

"Quando estamos inspirados por um grande propósito, um projeto extraordinário, todos os nossos pensamentos ultrapassam seus limites. Nossa mente transcende suas limitações, nossa consciência se expande em todas as direções e nos encontramos num mundo novo, grande e maravilhoso." Sutras Iogas de Patanjali

Não podemos negar que o poder econômico, as empresas têm, hoje, um papel substancial na condução da sociedade, do mundo, do planeta e as pessoas são seus verdadeiros atores. Dessa forma, entendemos que apenas uma mudança no coração das pessoas viabilizará um mundo melhor e mais sustentável em todos os aspectos.

Como *coach* formada pelo Instituto Holos, é um prazer participar deste belo projeto, onde abordaremos temas alinhados com a sua visão holístico-sistêmica e humanizada, da qual compartilho de forma profissional e pessoal. Como missão, procuro, na medida do possível, atuar como agente de mudança social e organizacional, apesar de me sentir um tanto solitária nesse desafio em contextos por vezes tão mecanicistas. Procurarei compartilhar algumas reflexões voltadas para a evolução da consciência das lideranças em empresas, entendendo que esse fator é o impulsionador, para a macromudança desejada.

O meu sentimento é, portanto, de gratidão. Constato que, quando estamos centrados, harmonizados internamente, tudo flui. Os caminhos vão abrindo-se, pessoas com visões semelhantes surgem, inspiram-se e as ideias tomam força e ganham vida, pela união de esforços – pela sinergia gerada. Como afirma Victor Hugo: "Não há nada tão poderoso como uma ideia cujo tempo chegou".

Através de minha experiência no mercado de trabalho, convido você a uma profunda reflexão dos acontecimentos a fim de que surjam *insights* sobre as mudanças que podemos fazer. Iniciarei com algumas perguntas reflexivas para que você comece a pensar sobre o agora.

Um novo tempo delineia-se?

Uma nova era emerge?

Será que as empresas estão preparadas para interagir assertivamente dentro desse contexto?

As pessoas estão? E os líderes?

CONTEXTUALIZAÇÃO

Vivemos tempos de conflitos e inquietações. Na sociedade e no meio empresarial, veem-se os reflexos de desequilíbrios emocionais, da falta da reconexão do ser humano e da reconexão dele com o TODO. Felizmente, do suposto caos vem emergindo sutilmente, através de grandes estudiosos, pensadores e líderes, uma nova visão baseada em algo mais profundo. De forma sábia, buscam impulsionar uma dinâmica holístico-sistêmica no trabalho e na vida, capaz de fazer frente aos paradigmas herdados da Era Industrial, já que respeita a integralidade do ser humano, na forma de gerir e liderar.

Peter Drucker afirma: "Em alguns séculos, quando a história dos nossos dias for escrita com uma perspectiva de longo prazo, é provável que o fato mais importante que os historiadores destaquem não seja a tecnologia, nem a *internet*, nem o comércio eletrônico. Será uma mudança sem precedentes da condição humana. Pela primeira vez, literalmente, um número substancial de pessoas tem escolhas. Pela primeira vez gerenciam a si mesmas. E a sociedade está totalmente despreparada para isso". Relacionando ao trabalho, significa que através de escolhas conscientes ou inconscientes o colaborador decide o quanto de si doa ao trabalho, produz, engaja-se nos objetivos e metas organizacionais e o quanto disponibiliza do seu potencial criativo. Será que empresários, gestores e líderes percebem o quanto isso é importante e determinante, inclusive para a lógica da razão, do lucro e da produtividade?

REVISITANDO A HISTÓRIA

Stephen Covey (2005) cita cinco eras, que expressam as diferentes vozes da nossa civilização com relação ao trabalho: Era do Caçador e do Coletor; a Era Agrícola; a Era Industrial; a Era da Informação/do Trabalhador do Conhecimento e finalmente a Era da Sabedoria (emergente). Façamos uma breve reflexão a partir da Era Industrial.

Na **Era Industrial**, as máquinas e o capital eram os principais ativos e impulsionadores da prosperidade econômica – coisas. Assim também as pessoas eram consideradas, segundo Covey (2005), "quando tudo que se quer de uma pessoa é o corpo e não se está interessado em sua mente, seu coração e seu espírito, a pessoa é reduzida a coisa". E o que ocorre quando os colaboradores assim são tratados? Será que se engajam, zelam pelo patrimônio da empresa, evitam desperdícios, se importam em não perder dias de trabalho, amam o que fazem e se sentem felizes?

Na **Era do Conhecimento/Informação**, que teve início em 1990, surge outro perfil de "trabalhador", proativo, autônomo, dinâmico e criativo, desejoso de participar, de encontrar sentido, propósito e realização no trabalho e que não visa apenas os benefícios financeiros. São profissionais com características singulares e competências essenciais ao sucesso e sustentabilidade das empresas. No entanto, a visão distorcida, existente em algumas empresas, entende que, se estiver promovendo os interesses das pessoas, estará necessariamente prejudicando os seus interesses e resultados, quando na realidade o desenvolvimento de pessoas e tais resultados são interdependentes, reforçam um ao outro.

Isso impede que gestores e líderes inspirem seus colaboradores a, voluntariamente, disponibilizarem seus maiores talentos e contribuições, levando-os a assumir posturas que vão da rebeldia à obediência forçada, enquanto que, se sabiamente tratados, se empenham e disponibilizam seu potencial criativo.

A falta de se reconhecer a integralidade do ser humano na gestão e liderança reproduz a fragmentação advinda das ideias de Newton e Descartes que destacaram a razão como valor fundamental, desvinculando-a de tudo. Ao voltar-se apenas para a racionalidade e objetividade, desenvolveu-se uma unilateralidade de visão, em que o sentimento, emoção, intuição e espiritualidade perderam o valor, assim como a visão holístico-sistêmica da vida, do planeta, do universo. É preciso lembrar que a empresa por fora é avaliada monetariamente, mas, dentro, o seu sucesso depende das pessoas.

John Gardner diz: "A maioria das organizações doentes desenvolveu uma cegueira funcional em relação aos seus próprios defeitos. Elas não sofrem por não poder resolver seus problemas, mas porque não podem **ver** seus problemas".

A inconsciência de que **se faz parte de um todo maior, indivisível e interdependente**, cria um tipo de capitalismo desprovido de valores que gera a falta de responsabilidade social, compromisso com a preservação da natureza e sustentabilidade do planeta. Há esperança?

> *"Os principais problemas com os quais nos deparamos não podem ser resolvidos no mesmo nível de pensamento que tínhamos quando os criamos."* Albert Einstein

ERA DA SABEDORIA E O PAPEL DA LIDERANÇA

No contexto contemporâneo, percebe-se que a mudança social e organizacional para ser efetiva não poderá restringir-se ao nível macroestrutural. Necessariamente precisa atingir a dimensão subjetiva.

Segundo Danah e Marshall (2006), "enquanto nossa noção de capitalismo não incluir riqueza de significado, valores, princípios e a mais elevada motivação, não teremos um capitalismo e uma sociedade sustentável".

A sustentabilidade exige, portanto, a atuação integrada dos três tipos de capital (material, social e espiritual) e das três inteligências (racional, emocional e espiritual). O capital material é o dinheiro e tudo que ele pode adquirir através da Inteligência Racional - função: "O que penso"; O capital social é a riqueza que cria oportunidades que favorecem o bem-estar geral, está relacionado à Inteligência Emocional - função: "O que eu sinto"; O capital espiritual é gerado pelos sensos de significado, princípio e propósito da Inteligência Espiritual - função: "O que sou".

Assim, se desejarmos fazer pequenas mudanças e melhorias pontuais, poderemos trabalhar conhecimentos, habilidades e atitudes. Porém, se o objetivo for alcançarmos patamares mais sustentáveis, quânticos, é necessário trabalharmos algo mais profundo: os paradigmas, modelos mentais, onde só a Inteligência Espiritual é capaz de agir.

A quem caberá o desafio e a missão de atuar como agente de mudança dessa transformação nas empresas e sociedade em geral?

De acordo com Danah e Marshall (2006), "essa tarefa caberá a uma massa crítica de líderes esclarecidos e às infraestruturas que criarão... Não se pode esperar uma mudança cultural enquanto não tivermos promovido uma mudança comportamental relevante".

As organizações que aprendem de forma continuada já investem nessa visão. No entanto, o diferencial estará em dar ênfase à Inteligência Espiritual. Os líderes que a usarem como bússola acessarão os princípios, valores, propósitos e motivações mais elevados. Ao considerar o seu papel como sendo o de poder influenciar pessoas em direção a uma visão e um propósito e associar isso à gestão, farão com que empresas a vivenciem em todas as suas ações. Planejamento e atividades rotineiras ganharão mais vida, sentido e propósito.

> "Os dogmas do passado tranquilo são inadequados para o turbulento presente." Abraham Lincoln

LIDERANÇA HOLÍSTICO-SISTÊMICA E SABEDORIA

Peter Senge, da Sloan School of Management, vem agregar oferecendo embasamento teórico para uma verdadeira "metanoia". O salto quântico na liderança? Implica desenvolver-se o pensamento sistêmico, a Quinta Disciplina, só alcançada ao se aprender e colocar em prática de forma integrada nas empresas todas as outras disciplinas, conforme esclarece o autor:

Domínio pessoal: é a disciplina de continuamente esclarecer e aprofundar nossa visão pessoal, de concentrar nossas energias, de desenvolver paciência e de ver a realidade objetivamente. Como tal, é uma pedra de toque essencial para a organização que aprende – seu alicerce espiritual.

Modelos mentais: são pressupostos profundamente arraigados, generalizações ou mesmo imagens que influenciam nossa forma de ver o mundo e de agir. Muitas vezes não estamos conscientes de nossos modelos mentais ou de seus efeitos sobre o nosso comportamento. O trabalho com modelos mentais começa por virar o espelho para dentro; aprender a desenterrar nossas imagens internas, levá-las à superfície e manter uma rigorosa análise.

Visão compartilhada: quando existe uma visão genuína (em oposição à famosa "declaração de missão"), as pessoas dão tudo de si e aprendem, não porque são obrigadas, mas porque querem.

Aprendizado em equipe: quando as equipes realmente estão aprendendo, não só produzem resultados extraordinários como também seus integrantes crescem com maior rapidez do que ocorreria de outra forma. A disciplina da aprendizagem em equipe começa pelo "diálogo", a capacidade dos membros de deixarem de lado as ideias preconcebidas e participarem de um verdadeiro "pensar conjunto".

Peter Senge (2016) ainda afirma que, "seguramente, o futuro das organizações – e nações – dependerá cada vez mais de sua capacidade de aprender coletivamente e que as empresas de sucesso e sustentáveis serão as que descobrirem como cultivar nas pessoas o comprometimento e a capacidade de aprender em todos os níveis".

Nesse contexto, a atuação das lideranças é determinante. O líder necessitará desenvolver-se primeiro, ampliar a sua visão para poder inspirar e expandir a nova cosmovisão na empresa através da aprendizagem coletiva, construindo uma visão compartilhada forte, inspiradora.

Processos de Coaching e Mentoring bem fundamentados podem servir de apoio ao desenvolvimento dessa nova mentalidade dos líderes e empresas. A abordagem de **Coaching & Mentoring humanizado do Instituto Holos** oferece subsídio para esse processo profundo e transformador das lideranças, pois tem esse caráter holístico sistêmico. Utiliza também o processo em U desenvolvido por Otto Scharmer e outros autores, o que nos fornece com segurança e coerência o apoio para o desenho e a condução dos processos de aprendizagem coletiva.

A liderança holístico-sistêmica à qual me refiro subentende sabedoria de enxergar de modo claro o ser humano integral, suas necessidades e motivações: corpo - viver (sobreviver); coração - amar (relacionamento); mente - aprender (crescimento e desenvolvimento); espírito - deixar um legado (significado e contribuição). É capaz de perceber a interdisciplinaridade e interdependência que há em tudo e buscar o bem comum e a excelência da empresa por completo: aspectos tangíveis (produtos), intangíveis (marca, imagem, talentos) e todos os aspectos envolvidos. Uma visão integradora dos capitais material, social e espiritual.

Eis o desafio e nobre missão! Conduzir a partir de si mesmo, com maestria, o maior capital - o capital humano. Introduzir uma realidade mais feliz e sustentável no mundo do trabalho, com saudáveis reflexos para o macroambiente, a sociedade, o planeta. Tudo faz parte do TODO.

A Era da Sabedoria emerge...

NAMASTÊ!

Referências bibliográficas
SENGE, P. M. A. **Quinta disciplina**: arte e prática da organização que aprende. Tradução: Gabriel Zide Neto, OP Traduções. 31. ed. Rio de Janeiro: BestSeller, 2016.
ZOHAR, D.; MARSHALL, I. **Capital Espiritual**: usando as inteligências racional, emocional e espiritual para realizar transformações pessoais e profissionais. Tradução: Evelyn Kay Massaro. Rio de Janeiro: BestSeller, 2006.
COVEY, S. R. **O 8º Hábito**: da eficiência à grandeza. Tradução: Maria José Cyhlar Monteiro. Rio de Janeiro: Elsevier; São Paulo: Frankley Covey, 2005.